日中外交の黒衣六十年

三木親書を託された日本人の回想録

南村 志郎
Shiro Minamimura

編者
川村 範行
Noriyuki Kawamura
西村 秀樹
Hideki Nishimura

周恩来総理と握手する南村志郎＝ 1970 年代、北京市内の人民大会堂で

周恩来総理（前列右から３人目）から廖承志訪日代表団受け入れの歓迎委員長を依頼されたときの西園寺公一氏（前列左から３人目）と南村志郎（前列右から２人目）。ほかは李先念国家副主席（前列左から２人目）、郭沫若氏（前列右端）ら＝1973年４月、北京市内の人民大会堂で

廖承志夫妻（中央と左端）と親交が厚かった南村志郎（右端）、夫人恵津子（左から２人目）と南村の長女（右から２人目）、次女＝1960年代、北京市内の廖氏の自宅で

日中外交の黒衣六十年

三木親書を託された日本人の回想録

南村志郎

川村範行　西村秀樹　編

はじめに

聞き手・編者　川村範行

南村志郎さんは、日本より中国でよく知られた存在である。一九五〇年代から現在に至るまで六十数年近く、北京を拠点に中国と日本を行ったり来たりして日中友好活動一筋に生きてきた人物だ。今年三月に卒寿を迎え、なお矍鑠《かくしゃく》として日中関係の改善に腐心する姿は括目に値する。

私が南村さんと知り合ったのは、二〇〇四年のことである。小泉純一郎首相の度重なる靖国神社参拝に対し中国政府が非難を繰り返し、日中関係が〝政冷経熱〟状態に陥ったときである。この状態を脱する道を探るため、日本のジャーナリストの率直な意見を聞きたいとの提案が、中国側から東京新聞・中日新聞の論説委員だった私に持ち込まれた。仲介者が、当時の日中関係を憂えていた南村さんであった。

私は、知人のＴＢＳ、北海道新聞、西日本新聞、朝日新聞の中国特派員経験者に呼び掛けて訪中団を結成し、中国を訪問した。中日友好協会が受け入れ窓口となり、中国社会科学院日本研究所との座談会や、中国外交部との会食懇談を行った。中国の研究者や外交官との意見交換は本音をぶつけ合い、大半がオフレコ扱いの内容だった。北京で訪中団に同行した南村さんと直接会い、日中関係改善にかける深い思いに触れたのが始まりである。

以来、南村さんの後押しにより、日本ジャーナリスト訪中団は毎年、続いた。途中、私の名古屋転勤などにより中断した年を除いて、今年で十回目を数える。この間に新聞、テレビのメンバーも増えた。毎回、南村さんが北京で訪中団とともに座談会や政策レクチャーなどに参加し、自ら熱心に発言することもあった。
その度に、日中関係を良くしていきたい、中国にも遠慮なく物申す——との南村さんの一貫した思いを実感した。同時に、南村さんから過去の日中関係に関する貴重な経験談を聞くことができた。周恩来総理や廖承志・中日友好協会初代会長、中国国務委員・外交部長を務めた唐家璇さん、三木武夫元首相や後藤田元官房長官など、日中関係に携わってきた政治家、外交官などとの交流模様がリアルに語られた。

南村さんを知れば知るほど、その中国人脈の深さに恐れ入る。二〇一一年七月、ジャーナリスト訪中団がマイクロバスで北京市内を移動中、同乗の某全国紙の外信部長の携帯電話が鳴り、東京本社から「江沢民前国家主席死去」の〝特ダネ〟号外の確認を取るようにとの連絡が入った。これを知った私も大ニュースだと直感し、直ちに車中から南村さんに電話連絡を取り、真偽を確かめてもらった。僅か一時間後に「江沢民さんは要人が入院する北京市内の病院で治療を受けているが、死んでいない」との確信に満ちた返事をもらい、私が大学へ移る前年まで勤めていた中日新聞・東京新聞の北京支局長に伝えた。中国のかなり中枢でなければ知り得ない〝極秘情報〟でもあった（某全国紙はそのまま報道し、大誤報となったことは公知の事実である）。

南村さんと中国との関係は長く、その人脈や情報源は一朝一夕に出来上がったものではない。父親が満鉄勤務で、大連に生まれた南村さんは、中学生の時に北京で終戦を迎え、両親の故郷の宮崎県へ引き上げる。東京外大へ進むも、全学連運動に加わり中退を余儀なくされる。鉄鋼業界紙の記者として、一九五六年に北京で戦後初めて開催された日本商品展覧会に随行する。そこで、日の丸のポールにしがみついて抗議する中国人老婆の姿に衝撃を受け、戦争の被害者、加害者意識を思い知らされる。日中関係に生涯をかける原点であった、と南村さんは振り返っている。

その後、商社マンとして一九六〇年代前半から北京に駐在し、五八年から中日友好協会の敷地内に居住していた西園寺公一氏と出会ったことが、南村さんの人生を決定的に左右する。大正天皇、昭和天皇からも一目置かれたと言われる明治、大正、昭和の元老、西園寺公望氏の孫である。戦前は近衛文麿首相のブレーンの一人として対中国、対英米和平外交に活躍、尾崎秀美との出会いからゾルゲ事件に連座する。戦後は参議院議員に当選したが、一家で北京に十二年間滞在し、親交を深めた周恩来総理から「民間大使」と言われ、国交正常化以前の日中関係の立役者として尽力した。

南村さんは西園寺氏の秘書的な立場で行動を共にし、周総理の側近として対日関係を取り仕切った廖承志・中日友好協会初代会長と家族ぐるみ昵懇の間柄になる。中国と日本を行ったり来たりし、日中関係に携わる中国人のみならず日本人も含めた政治家、外交官などとの人脈は、実に一九六〇年代から脈々と培われてきたことが分かる。南村さんがいかに中国側からも日本側からも信頼されているかを物語っている。

南村さんが健在のうちに半生記を記録に残したい、というのが本書刊行の動機である。ジャーナリスト訪中団のメンバーで、名古屋出身の畏友西村秀樹さん（大学教員、元毎日放送記者）からの発案に後押しされた。奇しくも南村さんの卒寿に当たる三月十一日、西村さんと二人で横浜市内のご自宅に南村さんを訪ね、翌日も含めて延べ八時間のロングインタビューを行った。その後も東京都内で三時間余り、補足インタビューに応じていただいた。

南村さんの口からは、歴史の新事実が明るみに出た。三木武夫首相が一九七四年十二月の就任直後に南村さんを深夜、私邸に呼び出し、周恩来総理あての親書を託し、日中平和友好条約の早期締結に並々ならぬ意欲を燃やしたことである。それ以前の七二年四月に当時自民党顧問の三木氏に請われて周総理との単独会見をお膳立てしたのも南村さんであったことが判明した。平和条約締結は三木内閣では思うように進展せず、次の福田赳夫首相の手で成し遂げられた。しかし、三木氏の平和条約早期締結にかけた行動が、南村さんの極めて具体的な証言から裏付けられ、三木首相の評価を修正する可能性がある。

ほかに、一九九八年十一月の江沢民国家主席の訪日に先立ち、戦争責任の謝罪を日中共同声明に盛り込みたい中国側から小渕恵三首相の意向を確認するよう南村さんが調査依頼を受けた事実も明るみになった。南村さんは、親しくしていた後藤田正晴官房長官を通じて密かに小渕首相がそのつもりでないことを確認し、中国の上層部宛てに報告し訪日中止を進言したと言う。江主席は訪日に踏み切り、歴史問題に度々言及し、日本の国民感情を損ねる結果になったことを、南村さんは未だに悔やんでいる。

生々しい外交の舞台裏のほかに、周恩来総理の質素な暮らしぶり、鄧小平氏の迫力など中国の政治家の素顔や、文化大革命当初に北京市内のホテル個室で文革精神の〝個人講義〟を受けさせられたエピソード、北京で廖承志さんの意向を受けて日本料理店を開くのに奔走し、その店で廖承志さんが日本人特派員と朝飯会を行っていたことなど、生きた証言を聞き出すことができた。

〝日中外交の黒衣《くろご》〟としての南村さんの証言は歴史的に貴重であるが、惜しいかな三木親書をはじめ証拠となるような文書類を一切残していない。独自の黒衣に徹した氏の信念からである。本書は氏の証言を記録した回想録の体裁をとった。日中平和友好条約締結四十周年の今秋までに回想録を世に出すために、関係者を探して証言を十分に検証するだけの時間的余裕がなかったことをお断りする。また、歴史を物語る数々の写真はセピア色に変色しているが、南村さんから提供を受けて掲載する。

私はジャーナリストとして三十年余り、その後、大学教員として現在九年目、現代中国研究と日中関係研究をテーマにしている。南村さんから聞き出すことができた日中関係の話は、何物にも代えがたい。一人の民間人が半世紀以上にわたり日中友好活動に取り組んできた真実と経験を大切に伝えたいとの気持ちを強くした。

南村さんは二十一世紀に入り、日中間のパイプとなる人材の枯渇を憂え、次代を担う若者たち向けに中国の大学で中日友好交流講座を実践した。今もなお自らの体験を壮青世代に語り続け、数年前からは自らＮＰＯ法人代表を引き受けて日中間の懸け橋役を務めている。旺盛な使命感と意欲には敬服するばかりだ。高齢にもかかわらず、複数日、長時間にわたるインタビューに快く応じて下さった南村さんと、付き添いの恵津子夫人、ご家族の皆さんには改めて深く感謝の意を捧げたい。

併せて、出版が実現したのは、南村さんの証言の重要性をいち早く理解して、この回想録の刊行に尽力いただいた、ゆいぽおとの山本直子さんのおかげであることを記す。

二〇一八年十月　日中平和友好条約締結四十周年の節目に

日中外交の黒衣六十年　三木親書を託された日本人の回想録　目次

第三部　余生を日中の相互理解にかける

第一部　日中首脳外交を仲介して

第1章　三木武夫首相親書を極秘に周恩来総理へ

1　三木自民党顧問と周総理の会談をお膳立て（一九七二年四月）

私と三木武夫元首相との交流は一九六〇年代半ばから始まりました。内田健三さん（政治評論家、元共同通信論説委員長）の紹介です。私が北京駐在の頃から仕えた西園寺公一《さいおんじきんかず》さんの帰国後、三木さんのブレーンだった平沢和重さん（元NHK解説委員）が西園寺さんの古い友人だった関係で、交流はより深くなりました。中国問題は彼（南村）と相談しろという話になっていたようです。

■西園寺公一　一九〇六（明治三六）年、生まれ。明治・大正・昭和の元老、西園寺公望の孫。戦前は近衛文麿首相のブレーンの一人として対中国、対英米和平外交で活躍、尾崎秀美との出会いから「ゾルゲ事件」に連座。戦後は参議院議員に当選、その後一家で北京に移住（十二年間）。国交正常化前の「民間大使」と言われ、日中関係の立役者として交流に尽力した。（西園寺公一著、南村志郎聞き手『西園寺公一回顧録「過ぎ去りし、昭和」』、アイペックプレス）　文化大革命の激化に伴い一九七〇年に帰国。

三木氏「周総理に会いたい」、廖承志さんに連絡

一九七二年に入り、二月に日本の頭越しにニクソン米大統領の電撃訪中、米中国交正常化へと情勢が急展開しましたが、三木さん（当時、自民党顧問）から「周恩来総理に会えるか」と打診がきました。それで、家族ぐるみで交際していた廖承志さん（中日友好協会初代会長）に連絡を取りました。廖承志さんからは「いつでもいいよ」と言ってきましたので、三木さんに伝えて、すぐ行こうということになりました。七二

年四月に三木さんとブレーンの大来佐武郎さん、それから平沢和重さん、秘書の竹内潔さん、三木さんの娘婿高橋亘さんと共に香港経由で北京に向かい、周恩来総理と会談を行いました。

私が一緒に、その中に入っていくとまずいから、私は別の飛行機で、ホテルも別でした。彼らは北京に着いて北京飯店に泊まり、私は定宿にしていた新僑飯店に泊まりました。夜は北京飯店に行って、「きょう、どうだった」という話をいろいろ聞きました。三木さんたちも、こういうときどうしたらいいかとか、いろいろ打ち合わせをしました。そういう関係でした。

周総理が三木氏と二回会見

(三木氏は四月十五日から四月二十二日訪中、会談は十七日と二十一日の二回)。周総理が二度会ってくれました。周総理の目的は何だったのか。あの頃、中国との国交回復に消極的だった台湾派の佐藤栄作首相の次は誰かということが中国側では焦点になっていました。佐藤と同じ台湾派の福田(赳夫)だと言う人もいるし、中国との国交に前向きな田中(角栄)だと言う人もいて、周総理はそれを聞きたかったのです。開口一番、「三木先生、あなたどう思いますか」と。三木さんは即座にはっきりと「田中です」と答えました。その根拠として自分の派、三木派と、中曽根派とで田中を支持します、だから、絶対、間違いなく田中です、と。(明確な答えを得て)周総理は喜びました。三木さんも周総理と二回も会談ができて満足だったようです。帰るときに私が三木さんを北京空港まで送って行きました。税関を通らずに直接タラップの下まで送りました。三木さんは「本当にありがとう」と言って、私の手を握って離しませんでした。結局、その後、三木さんの言った通り、田中角栄首相になりました。そういうことで私と三木さんとの付き合いが深くなっていきました。

■三木武夫・周総理会談　一九七二年四月十八日付の人民日報は一面左下に写真入り記事を掲載。「中国が三木訪中を重視していることを示すものである」「人民日報は自民党顧問、衆議院議員、前外相と三つの肩書を並べて一面写真入りで周会見を報道した」（一九七二年四月十九日付朝日新聞）

三木武夫氏の帰国のあいさつ　「はじめから『公表しない』という約束で話し合ったことであるから内容は言えないが、二回にわたる会談は友好裡に相互の主張を述べ合った率直かつ有益な会談であった。今回の訪中の結果、私は早期に日中国交回復をやり得るという確信を得たのでなおいっそうその実現に挺身する決意である」（昭和四―七年（一九七二年）四月二十四日　三木武夫自筆メモ　明治大学史資料センター蔵）

■三木武夫氏の訪中報告講演会　一九七二年五月十三日、徳島市文化センターで徳島新聞社主催で行われ、「政策の転換を強調　中国より帰りて　三木氏が講演」「日中国交回復問題に対する基本的な考え方とその必要性を力説」（同年五月十四日付徳島新聞一面）。「今回の訪中は私の長い政治生活の中でも歴史的な旅であった」「私は日中関係の正常化が必ず実現できるという確信をもって帰ってきた」「日本が台湾との間に締結した日華平和条約を解消して中国を代表する中華人民共和国と新しく平和条約を結ぶべきである。そのためには政策の転換が必要であり、政府与党である自民党の合意を図る必要がある」（同日付徳島新聞一面）。

「周総理と前後二回、五時間にわたって日中国交回復について率直な意見交換ができた。晩餐会の席上、中日友好協会の廖承志氏は日本の愛国者のために乾杯したいといって杯をあげた。……私は日中問題も今や決断の時期だと思う。決断は政治家がせねばならぬ」（同日付徳島新聞二面）

2　国交正常化直後に廖承志訪日団受け入れ、三木副総理との会食（一九七三年四月）

周総理の指示「明日東京へ帰るように」

西園寺公一さんが北京から引き揚げる際に、周恩来総理との間で毎年一回は訪中するとの約束がありました。西園寺さんと私が一九七三年春先に中国旅行していたときです。北京に戻り、北京飯店に入った途端、周総理から「すぐ来てくれ」と連絡がきました。二人で出掛けて行きました。このときの話は、非常に大事な話でした。周総理が冒頭、「明日東京に帰ってください」と、おっしゃった。こちらは今、旅行から北京に帰ってきたばかりで、びっくりしました。どうしたんですかと聞いたら、実は、廖承志ミッションが間もなく日本へ行くという話です。前年の日中国交正常化以降、初めての大型ミッションで、東京のニューオータニに泊まり、地方視察も含めて期間は一か月以上だと知らされていました。周総理のそのときの話では、日本側の準備が遅れていて、資金が集まっていないということでした。

あのとき、日本側は日中文化交流協会常任理事の白土吾夫さんが中心になって受け入れ準備をしていました。周総理は、「西園寺先生に今回の訪日代表団の歓迎委員長を引き受けてくれませんか」と言われました。西園寺さんは日頃、「私は、二度と長と名の付くような仕事には就かない」ということを言っていました。いきなり周総理から言われて、西園寺さんにしてみれば、お断りします、というわけにはいかない。分かりましたと引き受けました。それで周総理は安心して、ひとつよろしく頼みますね、という話になりました。

資金集めに奔走

北京飯店に帰ってきて、すぐ白土さんに電話を入れて、状況を聞いたわけです。当時、金がどれくらい集まっているか、聞きました。もうあと十日ぐらいで代表団が出発するという直前ですが、五十数人の団が一か月以上泊まるというのに、少なく見積もってもそれだけでは足りるはずがない。結局、次の日に荷物をまとめて日本へ帰りました。

帰って翌日から西園寺さんと一緒に金集めに走りました。まず大手企業を回って社長に会い、中国のミッションが来るが、私が委員長でやらなければならないから協力頼むと。中には、「いくら出せばいいですか」と切り出す相手もいて、話が早い。西園寺さんは即座に「〇〇円作ってくれ」。「分かりました」というケースもあった。とにかくトップだけに会って話を付けました。

北京に十二年間住み、周総理から「民間大使」と言われて日中間の様々な関係に協力しながら謝礼等を一切受け取らない、西園寺さんに報いる機会と、企業側は捉えたのだろう。

四日か五日かかって、いろいろな関係先を回り、集まった金は帰国前の四十倍余りです。ミッションの受け入れに全体でどのくらいかかるか分かりませんでしたが、当時のホテル代を五十数人で一か月でいくらかとラフな計算をして、大体それで間に合うかなということになって、止めました。

■中日友好協会会長の廖承志氏を団長とする中日友好協会訪日代表団（一行五十五名）一九七三年四月十六日から五月十八日まで、日本を訪問し、各界の関係者と精力的に会見や懇談を行い、歓迎を受けた。副団長は、楚図南、李素文、馬純古、趙正洪、張香山、周麗琴、于会泳、孫平化の各氏。中日友好協会訪日代表団歓迎委員会が組織され、運営委員長には日本中国文化交流協会常任理事の西園寺公一氏が就いた。西園寺氏は同協会の会報（一九七三年五月五日号）に「中日友好協会訪日代表団を熱烈に歓迎する」と題して寄稿、「国交正常化が実現して半年、廖承志先生を団長とするこのように多彩な、総員五十五名という大型の代表団を送られたことについて、われわれは中国の指導者、人民に対し心から感謝する。これは日中友好に対する深い関心を示しているこの上ない証拠だからである」「国交の内容を具体的に積み上げていく仕事はこれから始まる。そのためには両国人民間の相互理解をいっそう深めてゆくことが大事であり、友好交流をますます盛んにすることが必要である」と、綴った。同協会の会報では「ようこそ廖承志先生　各地に広がる歓迎の輪」(同年五月五日号)、「輪を広げた日中両国の文化交流」(六月一日号)、「日本各地に友好を深めて　日中両国間に新たな幕開く」(七月一日号)と、代表団の活動を詳細に報じた。

メディア担当を一か月

西園寺さんは歓迎委員会運営委員長ですから、それから一か月ちょっとホテルに寝泊まりしました。私はメディア係をやれと言われて、ニューオータニの下の一階に各社の記者の人たちが一休みできるようなスタイルで、椅子をたくさん入れて作りました。何をやったかというと、毎夜、代表団のその日の行動の主要な報告と、それから翌日の行き先を事前に配布しました。代表団は十人単位ぐらいで、四つか五つの方面に散らばって分散行動していました。私もホテルに泊まり込みました。

もう一つ大問題が出てきました。スケジュールがしょっちゅう変更になるのです。前日決めたことを、次の日の朝になったら、ここやめてこっちにしたいとか、あっちにしたいと、ほとんど毎日それが出るわけです。私も不思議に思って、「一体どういうことなんだ。記者団にスケジュールを話すのに、そんなくるくる変わったら何もできないじゃないか」。後に、文化大革命の四人組の影響だったことが分かりました。当時、副団長の一人に李素文という女性がいた。中国東部の瀋陽で、市場(東方紅百貨商店の青果市場)で(模範的な)野菜売りをしていた英雄がいて、副総理か何かなんです。あのとき(当時の肩書は、遼寧省革命委員会副主任、中国共産主義青年団遼寧省委員会書記)、大抜てきされた。

■四人組　毛沢東が発動した文化大革命(一九六六年～七六年)に協力し、一時実権を握っていた毛沢東夫人の江青はじめ張春橋、姚文元、王洪文の四名。毛沢東死後の権力闘争に敗れて逮捕され失脚した。

それから四人組の関係で、もう一人、浩亮という京劇の俳優（当時の肩書は国務院文化組組員）がいました。そういう人が何人か入っている。こういう連中が（日本でのスケジュールを）かき交ぜるわけです。四人組の筋ですから、言いたいことを言って、団でもまとまりがつかなくて困っていました。そのときにプロカメラマンを五人ぐらい雇っていて、それで主要な所に付けて全部記録写真を撮っていましたが、スケジュール変更で苦労しました。くだらない苦労です、決めたことを変更する、要するに困らせようという、いちゃもんです。団長の廖承志さんも、四人組に対しては、不満には思っていても、団内部のことでしたので苦労されたと思います。

中国代表団団長として訪日した廖承志氏に同行する南村志郎（右）＝1973年4月、箱根の芦ノ湖で

国交正常化後初めての、中国からの大型訪日団ということです。いわゆる友好訪問です。だから、田中角栄首相の所にも行って、会っていろいろ話したりしました。その団というのは、要するに祝賀代表団みたいなものです。別に特別な任務を帯びているわけでもないし、友好的に交流すればいいわけです。ところが行き先変更が出るものですから、こっちもイライラするし。時間的には長いですからね。

事務局長は白土吾夫さんがやってくれましたが、行き先変更というのは、事務局が手配をしなければならないから、大変だったと思います。

結局、しまいには沖縄まで行っているわけです。北は北海道、南は沖縄まで。最後にまたニューオータニに全員集合して、それで何日か過ごしました。私は、記録写真を全部まとめて、一人一冊ずつアルバム作って、お土産として渡したわけです。とにかくヘトヘトになりました。

廖承志団長と三木副総理の会食に同席

廖承志ミッションが来たときに、実は、食事会を開きました。西園寺さんと私と二人、三木武夫（当時副総理）さんが呼んだのか、三光汽船の河本敏夫さんがいました。あとは廖承志さんと、ほかにもいて、六、七人ぐらいの席でした。そのときに、三木さんが、日中平和友好条約は、絶対に私がやってみせるということを、そこでたんか切っておられるのです。私ならいずれ、条約に調印すると。だから、三木さんはやるつもりだから平和友好条約はやれると思っていました。

■中日友好協会会長の廖承志氏を団長とする訪日代表団が一九七三年四月十六日から約一か月間、日本各地を訪問した際に、先ず三木武夫副総理が廖団長の宿舎を訪問し、廖団長らも三木副総理を訪問、さらに別途会食懇談している。三木氏が日中平和友好条約締結を見据えて周総理の片腕の廖承志との関係を重視し、中国側もまた三木氏をいかに重視していたかの表れである。
「4月16日20時、廖団長を三木副総理が宿舎に訪問し懇談」「4月18日11時50分、廖団長、楚図南・趙正洪・張香山・孫平化各副団長らは三木副総理を訪問し懇談した。陳楚大使も出席した」「4月21日18時30分、廖団長、張香山・孫平化各副団長らは三木副総理主催の夕食会に出席し懇談した」（一九七三年七月一日、日本中国文化交流協会の会報）。

3　三木邸で親書託され、周総理に（一九七四年十二月）

深夜十二時に三木邸へ

三木武夫さんは、田中角栄首相が金脈問題で引退し、七四年十二月九日に椎名悦三郎自民党副総裁による裁定で突如首相の座に就きました。就任三日目か四日目に、三木首相本人から突然電話がかかってきました。ちょっとうちへ来てほしいと言う。できるだけ早くって言うから、私はいつでもいいですよと答えました。じゃあ、きょう来られるかと言われ、きょうは無理だけど明日なら行けますと。じゃあ、明日の夜十二時、裏口開けているから裏口から入ってきてくれと言われました。

向こうからの指定です。私はまさか、夜中の十二時に他人《ひと》の家に行くなんてことは、非常識なことは分かっていますから、そんなこと考えもしない。そのときはちょっとびっくりしましたけれど、考えてみれば、表のほうは番記者がいますから、これはしょうがないなと思いました。

三木邸（東京都内南平台）へは、タクシーで行きました。番記者連中には気付かれない。裏門は開いていました。三木邸の中のことは、私は大体分かっていましたから、裏口から入っていきました。応接間がどの辺にあるかというのも分かっていました。三木さんが応接間で一人ポツンと椅子に座っている。寝間着じゃなくて普通の服装で。ネクタイはしていませんでしたが、洋服でした。上着も着ていたのか着てなかったのか、よく覚えていませんが。

テーブルの上に封書が置いてあった。彼が私に、「すまないけども、できるだけ早くこの封書を届けてほしい」と。よく見たら、周恩来総理閣下と封書の表書きに書いてある。まだ封をしてなかった。見てもいいよと言われたけれど、見るわけにいかないから、「何が書いてあるんですか」と聞いた。そしたら「読んでもいいよ」とこっちに渡して。親書を読むことはできないから、説明してくれて。いや、私はかねてから平和友好条約を自分の手でサインしたいと思っている、と。私は頑張るから、必ずサインするから、周総理にも一つご協力のほどをと書いてあるということでした。

封書の裏側に三木さんの名前は書いてあった。そんなに注意して見ませんでしたが、墨です。ご本人か代筆がいたのか知りませんけど。

三木邸にいたのは十五分か二十分です。夜中ですから、そんな長居はしなかったです。また、裏口から出て、通りで流しのタクシーを拾って、横浜の自宅まで帰りました。

廖承志さんに親書手渡す

分かりました、と預かって、次の日は無理だったんですが、その次の日あたりに北京へ飛んで、廖承志さんに三木首相の親書を渡しました。北京市内にある中日対外友好協会の会長室だと記憶しています。風呂敷のようなものに親書を包んで持って行きました。「三木首相から親書を預かってきました、周総理にお渡しください。私は使いだから、確かに届いたという証拠が必要だから、できたら返書をいただきたい」と言いました。

廖承志さんは、「分かった」と。それだけの話です。予想していたような感じに私は受け止めなかったですね。ただ廖承志さんが「ご苦労さん」と言ったことは覚えています。

返書と「三木ではできない」

それから一週間、私は毎日することもなしに定宿の新僑飯店に泊まっていました。返事待ちで、いつまでたっても返事が来ない。廖承志さんには、新僑飯店に泊まっていますから、いつでも返書の準備ができ次第、声掛けてくださいと、言ってありました。結局、なしのつぶてだから、しびれを切らして廖さんに電話入れて確かめました。廖さんが、「あれ、まだ君いたの」って言うから、冗談じゃない、返事をもらわないと帰れない、と。「そうかそうか、じゃあ、明日会おう」。次の日、中日友好協会へ出向いて会いました。

そのときに、廖承志さんが私に言ったことは、とにかく君は三木さんと親しいようだけれども、三木さんの手で平和友好条約をサインすることはできない。三木さんじゃできないはずだ。だから、そのつもりで三木さんと付き合いなさい、と。こういう話だった。

反論まではいかないですけど、私が言ったことはただ一言。そういうふうに今あなたは言われたけれども、三木さんはこの前の、あなたが日本にいらして一緒に食事をしたとき（一九七三年四月に中日友好協会訪日代表団の団長として訪日した廖承志・中日友好協会会長と三木武夫副総理が東京で会食）、三木さんは、平和友好条約は私の手でサインすると啖呵を切っておられるわけです。事実、三木さんはそのつもりなので、口先だけではない、三木さんは本当に自分がやるつもりだったのです。

だから、私は「三木さんが総理になったばかりだし、日本の総理大臣というのはかなりの権限持っているから、どうしてもやるって言えばできるはずです」と、言いました。廖承志さんが「いや、それは難しい。だから、そのつもりで三木さんと付き合いなさいと言っているのです」と言うから、それ以上のことは私も言わず、分かりましたと。半信半疑です。三木さんは日頃から私に、正常化は田中角栄がやっている、平和友好条約は私が総理になったらやると言っているわけだから、本当に三木さんはそのつもりだった。条約締結にかける思いというのは、私は前から分かっていました。

返書を三木事務所へ

帰国後、三木さんには直接返事をしていません。あんたじゃ駄目だと言われているとは言えない。返書は持って帰りました。それは受け取ったという返書で、白い封筒に入っていました。宛先は三木武夫総理閣下と記名してあった。周総理の名前は、裏書にはなかったか、記憶はないです。表に書いてあったのかどうかも記憶にないですが、中には当然書いてあるはずです。

帰国翌日には、麹町あたりの三木事務所で事務局長（竹内潔氏）に返書を渡しました。後日、事務局長が金一封を持ってきました。何ですかと聞いたら、「旅費です、ご苦労さんでした」と。そんなの要らないと言ったら、三木の方から渡すようにと言われ、断られても困る、と。金は受け取っちゃいけないというのは鉄則ですから、西園寺さんに相談しまして、金一封以上の値段の天津絨毯を返しました。

三木首相自身から、どうなったかという催促はないです。あくまで推測ですが、周総理からの返書は、手紙ありがとう、共に頑張りましょうというような内容ではなかったかと思います。

親書の話は未報道

三木首相の親書を周総理宛てに渡してきたという話は、その後していません。日本の、あるいは中国のメディアの取材を受けたということは全然ない。

三木首相の密書の話を一部の人にオープンにしたのは、福田赳夫首相の手で日中平和友好条約を結んだ後です。まだ日本国内ではそんなに広くは知られていないですね。そのことは日本の新聞とかテレビで報道されていません。

中国の情報分析の高さ

結果からすれば、中国の言うとおりになったわけですが、後で私がいろいろ考えてみて分かったのは、中国の分析力はたいしたものだということです。振り返ってみると、なるほどこれでは無理だなという感じがするのは、当時の三木内閣の人員の配置です。副総理が福田赳夫さん、党三役に灘尾弘吉さんと松野頼三さん。いずれも台湾派です。役員の中に石田博英さんと赤城宗徳さんが入った。こちらはソ連寄りです。当時、ソ連は日中平和友好条約の反覇権条項は反ソだという理由で反対していました。当時のロシアのトロヤノスキー大使が、毎日のように自民党の椎名副総裁のところへ行って、反対をアピールしていました。親台湾派と親ソ派に囲まれ、反対され、三木さんはいくら頑張っても無理だったのでしょう。三木さんの性格からすると、バルカン政治家ともいわれていますが、徹底的に最後まで頑張り抜く人ではありません。途中で周りを見て、どこかで妥協していくようなところがあるから、中国はなるほど、そういう分析をしたのだなと後から分かりました。確かにその当時の中国の分析は正しかったと思っています。それだけ中国は分析能力を持っていたということです。今の中国にそのような日本に対する分析能力があるかどうか。そういう意味ではやはりあの当時の中国の組織というのは大したものです。

日中平和友好条約締結当時外交部長だった黄華元副総理（中央）と唐家璇元国務委員・外交部長（左から２人目）と南村志郎（左）＝1997年9月、北京市内の人民大会堂で

第2章　江沢民主席訪日前に小渕首相の意向を極秘調査、訪日見合わせ進言

1　中国筋から極秘調査を依頼

■江沢民国家主席の訪日　一九九八年十一月二十五日―三十日、日中平和友好条約締結二十周年を迎え、江沢民国家主席が中国国家主席として初めて公式に来日した。小渕恵三首相との日中首脳会談をはじめ、早稲田大学での講演会、仙台、札幌の地方都市への訪問を実施した。「平和と発展のための友好協力パートナーシップの構築に関する日中共同宣言」が発表された。日中共同宣言に侵略戦争の歴史に対する日本側の謝罪を盛り込みたいとする中国側の強い要求に対し、日本側は、七二年の日中共同声明で反省の意を表していることや天皇訪中も実現していることから、これを拒み、小渕首相の口頭による「お詫び」の表明にとどめ、中国側に不満が残る決着となった。江沢民主席の来日は当初九八年九月六日に予定されていたが、同年六月中旬以降広がりを見せた中国南部における大規模な洪水災害への対策のため来日を延期するという経緯があった。

■金大中大統領の訪日　同年十月七日に来日、日韓共同宣言が発表された。「我が国が過去の一時期に韓国国民に対し植民地支配により多大な損害と苦痛を与えたという歴史的事実を謙虚に受け止め」としたうえで、「痛切な反省と心からのお詫びを述べた」という謝罪が盛り込まれた。

一九九八年の江沢民国家主席の訪日問題になぜ私がこだわるかというと、江沢民主席が日本に来て、あちこちで過去の歴史認識問題を持ち出し、日本の一般の人たちの不興を買ったわけです。それでいっぺんに日中関係が冷えたわけです。私は、中国に対して意見を言っていますが、その理由を申し上げま

す。これは、今まで話したことはなかったけれど、もうそろそろいいかなと思って、忘れないうちに話しておかないといけないと思ったわけです。

どういうことかというと、本来江沢民主席が訪日する予定は、九八年の九月でした。それに向けて、双方の外務当局関係者が下準備を始めました。つまり、どういうスケジュールで、どこでどういう服装かということまで決めていました。駐中国大使をやった阿南惟茂さん（当時、外務省アジア局長）も江主席訪日歓迎の事前準備メンバーでした。江主席が天皇陛下に会ったときに、人民服（中山服）で出てきてけしからんと日本国内で言われました。ところが、阿南さんに言わせると、あれは最初から人民服が中国の正装だから決まっていた。別に江沢民主席がわざと着てきたわけではありません。後になって私は阿南さんに会って、その話を聞きました。

訪日前に調査依頼受ける

それよりも先に、中国の南方で大洪水が発生しました。それで江主席は指揮を取るために現場へ出向きました。そのため、九月の訪日は時間的に無理で実現できなくなりました。結局、訪日を十一月に延ばしたのです。それで十月には韓国の金大中大統領が日本を正式訪問しました。結局、その後に江沢民主席が訪日するわけですが、その間に実は私のところに調査依頼が来たのです。

どういう内容かと言いますと、つまり、江主席の訪日が洪水で延期になり、その間に韓国の金大中大統領が先に訪日し、小渕恵三首相と首脳会談をして共同声明を出しています。日韓首脳の共同声明の中に、過去の歴史に対する謝罪が入った。ところが、事前の日本と中国の担当者ベースの打ち合わせの過程で、日中首脳の共同声明（案）の中にはそれが入っていなかった。それで、江沢民主席のほうから、われわれの共同声明の中にも過去の歴史認識問題を入れたいと要求が出ました。それから悪いことに、もう一つは同じ十月に、アメリカのクリントン大統領が訪中し、中国で台湾問題について〝三つのノー〟を言っているわけです。その〝三つのノー〟を日中共同声明にも入れたいと、中国が希望したのです。その二つの条件を共同声明の中に入れられるかどうかについて、中国側が調査をしていたのを知っていました。だけど私は感じとしては難しいなと思っていました。そのとき、中日友好協会を通じて調査依頼が私に来たのです。

中日友好協会から文書持参で

依頼を持ってきたのは日本通の人物です。依頼文書には小さな文字でいっぱい書いてありました。中身をよくよく読んでみると、過去の歴史への謝罪と三つのノーを共同声明に入れられるかどうか、調べてほしいということです。

文書の差出人は何も書いていない。宛名の南村志郎とは書いてある。だから、どこが書いたのかというのはないのです。それも手書きですから、向こうも残されたくなかったのではないでしょうか。正式な文書だと保存されると困ると思ったのではないでしょうか。結局、その文書は後で捨てました。

それはもちろん、中央の政府の指示であるわけですから。中日友好協会にしてみれば、私に調査を依頼したというのは、ある程度あいつに頼めばその情報が入るのではないかということだったのでしょう。それで私はどういうふうにして調べようかと、考えました。だけど、どういうふうにもこういうふうにも、これは当時の首相が小渕恵三さんです。とにかく小渕首相の意向をはっきり聞かなければどうにもならない。

それでまず、そのときの駐中国大使の谷野作太郎さんに、日中両国の間でこの共同声明に至るまで、すべてもう固まったのかと聞いてみました。すると、大体固まっていると言うから、これはもう難しいのだろうなと推察したんです。特に〝三つのノー〟については、十月にクリントン大統領が言ったばかりの話ですから、日本政府もそのことに対して一体どういう態度を取るのか、それは私も分からない。とにかく調べようと思って、当時私はずっと北京にいましたので、官房長官の後藤田正晴さんに電話を入れました。

2　後藤田官房長官から小渕首相の意向を確認

後藤田さんと私との関係は、実は長い間すごく悪かった。私が後藤田さんと同じ徳島県選挙区の三木武夫さんと親しかったものですから、あいつは敵だというふうに後藤田さんが思っていたのです。私はそんなことはない。別に私は三木さんの下働きをやっていたわけでもなんでもない。ところが、三木さんサイドから私を三木派として選挙（神奈川県）に出すというような話まで出ていたらしい。確かに私のところに、三木氏側近の平沢和重さんを通して、選挙に出てくれないかという話が来たことがあります。私は金もなければ地盤もないと、一蹴したわけです。後で後藤田さんから聞いた話ですが、後藤田さんは私をある意味では〝敵視〟していたわけです。私はそんなことも何も知らないものだから、その後に後藤田さんとの仲が好転していて、お互いに行き来がありました。

北京から後藤田さんに頼むと、後藤田さんが「分かった。調べてみる」と言ってくれました。しばらくして返事がありました。後藤田さんが小渕首相に直接会って、食事をしながらその話を聞いてくれた。江沢民主席との首脳会談後の日中共同声明に二つの文言が入るかどうか――。小渕さんは、とにかくそれだけはどうやっても難しいと答えた。なぜなら、過去の歴史認識の問題について、すでに天皇陛下（昭和天皇の皇太子）が一九九二年に中国へ行って謝罪をしている。敏感な台湾問題については触れたくないという。だから、共同声明には二つとも盛ることはできません、と。できないけれども、日中首脳会談の中では、口頭でいくらでも謝罪もするし、いくらでも〝三つのノー〟は言います、と。しかし、声明は勘弁してほしい、というのが小渕首相の意向でした。

3　訪日見合わせを中国上層部へ進言

中日友好協会通じて手紙で

後藤田さんからその返事を受けて、私は中国の上層部宛てに手紙を書いて、日本政府の考えはこういうことだと伝えました。もし、中国側がそれでは不満だと言うなら、訪日を止めたほうがいい、行くのは止めなさいとまで進言した。それでも日本へ行くというならどうぞと、私はそこまで手紙に書きました。中日友好協会を通して手紙を渡しました。国慶節（十月一日）の前後だったと思います。中国はそれを信じたかどうか、私は分かりません。中国はおそらく私の手紙を基にいろいろと検討していたと思います。

中国側も訪日見合わせ検討？

十月の国慶節後に北京の日本大使館で国慶節のパーティーがありました。大使公邸でやるわけです。私は呼ばれて行きました。谷野作太郎大使が主催者として先にあいさつに立って、来月には江沢民主席が訪日される、私どもは大歓迎ですというあいさつしたわけです。十一月に江沢民主席が訪日するのは分かっているわけですから、当然のあいさつです。それに対して、中国側の代表は唐家璇外交部長です。唐家璇部長が答礼のあいさつに立って、先ほど谷野大使は、江沢民主席が来月日本に行くということをおっしゃったが、まだこれは決まっておりません、と述べた。ああいう席でのあいさつとしては全く異常です。十一月に行くというニュースはもう公表されて出ているわけですが、それを否定してしまった。

この時に、私は中国側が江沢民主席の訪日をどうするかを検討していると、はっきり分かりました。そんなことは誰にも言えない話だが、私はそう思った。だから妙なあいさつになったなと思いました。ところが、実際には江沢民主席は日本へ出掛けたわけです。

4　訪日に踏み切り、歴史問題に言及

日本政府の考え方は、中国側の二つの要求を共同声明に書き入れることは難しいが、首脳会談の席ではいくらでも言います、ということだった。小渕首相にしてみれば、それが精いっぱいだということです。〝三つのノー〟もクリントン大統領が北京で言っているわけですから、会談の席では言います。歴史の謝罪も会談の席ならいくらでもします、ということ。

結局、唐家璇部長が日本に行ってまで、ほとんど毎晩、日本政府とこの交渉をしています。だから唐家璇さんもかわいそうと言えばかわいそうです。しかし、外交部長だからしょうがない。結局、いくらやっても駄目なんです。江沢民主席が最初からそのつもりだったのか、それは分かりません。しかし、少なくとも江沢民主席の動きを見ていて、例えば早稲田大学に行って講演する、あるいは他のところへ行って講演するたびに、この歴史認識の問題に言及していました。そうすると、中国のトップは何を言いに来たのか、というのが一般的な受け止め方で、中国に対して良くない印象につながってしまいました。

江沢民主席訪日終了後に意見

それで私は江沢民主席の帰国後に意見を言いました。私に調査を依頼して、私もできるだけのことをしました。しかし、日本で歴史問題を執拗に触れたことによって、中国に対する認識がかなり悪くなりました。この訪日はなんのためだったかというように、私は意見を言った記憶があります。

私は翌年の正月、神奈川県日中友好協会の新年会であいさつしました。江沢民訪日団の団員だった駐日中国大使夫人も同席していました。江沢民主席訪日は成功ではなかったと、私はあいさつで言いました。パーティーに移って、横浜の華僑総会の何人かが私のところへ来て、いや、私どもはあれは成功だったと思っていると話しました。だからどういう点で成功だったかと、意見交換しました。結果的には、あのことで中国嫌いが増えました。その後、朱鎔基総理が訪日してカバーし、対中感情は一時好転しました。私は今まで江沢民主席の訪日に関連する話はあまりしませんでしたが、もう昔の話ですから……。

第3章　中国人政治家との交わり

1　周恩来総理の質素・高潔さ

不安だった初対面

周恩来総理に初めてお会いしたのは、北京の人民大会堂。一九五六年十月に北京で戦後初の日本商品展覧会が開催され、鉄鋼の業界紙記者のとき随行記者として訪中しました。周総理との会見は少人数でした。大勢だったら、ただ座っていればいいかなと思いましたが、少人数だから、何か話さなければいけないと思って緊張しました。私も青二才で、言葉もあまりよく知らないし、内容もそんなまとまった話ができるような状態でもなかったし、不安でした。聞かれてどう答えたらいいのだろうと、そんなことばかり考えていました。向こうが話をされる言葉自体も、通訳を通してですが、何となく若造が聞いても分かるような内容でした。そんなにレベルの高い話ではなかったようです。何をやらなければならないかというような、これから先の日中関係について話をされました。聞いていて、ごもっとも、ごもっとも、というような、そういう感じです。当時の詳しい内容はもう随分昔の話だから、よくは覚えていないですが……。

その後、いろいろな代表団が周総理に会いに来ていますが、私も末席を汚すようなことがありました。そういうときには、過去の歴史認識問題という話はよく出ました。

■周恩来　毛沢東と並ぶ現代中国の代表的な革命家。一八九八年江蘇省生まれ。建国後は常に国務院総理（首相）、時に外相を兼ねた。卓抜した政治的手腕と人柄により、民衆の信頼も厚く、党内屈指の実力者でありながら常に毛沢東の後継者の地位になく、「不倒翁」と呼ばれるほど安定した存在であった。西園寺（公一）とも親交があった。一九七六年死去。（西園寺公一著『西園寺公一回顧録「過ぎ去りし、昭和」』）

周総理の自宅で

その後は、私が西園寺さんと一緒に仕事をするようになって、中日友好協会初代会長の廖承志さんとの接触が増えると同時に、周総理に会う機会も増えました。日本からのお客さんが来て周総理に会うときに同席しました。そのうちに周総理の自宅にお伺いするようになりました。お忙しい方だから、そんなにしょっちゅうというわけではありません。時々ふっと周総理のお宅へ、正確には何か問題があるとかということではありません。あそこにいらっしゃるという、そういう感じでした。

年に一回か二回、中日友好協会からの連絡を受けてお宅に伺った。ご自宅は中国要人が住む中南海の西北の、どっちかというと北海に近い。西花庁と呼ばれていました。

私が伺ったのは応接間だけです。広い応接間で、椅子がザーッと並んでいました。そばに大きな丸テーブルがあって、そこで食事をします。別に、事務局とかで会うときとあまり変わりませんでした。特別にくつろいでいるとか、そういう感じではありませんでした。ご自宅にも人民大会堂と同じように、割と外国のお客さんを呼んでいたのではないでしょうか。

人民大会堂でも寝泊まり

人民大会堂は半分周総理の仕事場みたいでした。周総理自身、人民大会堂で寝泊まりしていた頃もあります。だから、夜中近くに人民大会堂で面会することがよくありました。特に文化大革命の期間中はそうでした。大体人民大会堂で寝泊まりされていました。人民大会堂には面会の部屋の隣に仕切りがあって、部屋があります。のぞいてみたわけではありませんが、おそらく寝室になっています。よく周総理に限らず、他の人もそういう人が何人かいました。人民大会堂の何々の間という広い所の隣に小さな部屋があります。そこにも展示物がありますが、そこを寝室に使えます。夜中に会う場合には、多分そういうことだろうと思います。

つぎはぎの着衣を

周総理の着ているものは質素だと、話としては聞いていました。いつも、お会いするときは、きちんとした服装です。セーターか何かを引っかけて出てこられる、ということではありません。ネクタイはないけれど、きちんと人民服でした。それ以外のお姿は私もよく知りません。

一九七七年七月の文化大革命直後に、中学三年と小学六年の娘二人を連れて、歴史教育のために大慶からハルビン、撫順、平頂山、鞍山と廻りました。鞍山まで来たとき、毛沢東夫人をはじめとする四人組が党籍を永久剥奪された、そのお祝いの日でした。民族衣装に着飾って、花篭を持ったり、踊ったり、花車とパレードは賑やかに夜更けまで行われました。

翌日は大連で、宿舎は迎賓館の周総理のお部屋でした。

そのときに、服務員（中国語で従業員の意）と話をしました。「周総理がここへ来て泊まられたとき、夜お休みのときに、着替えられた。服務員が周総理の睡衣（中国語で寝間着の意）姿を見たら、継ぎ当てがしてあった。それを見て、仲間の服務員にその話をして、総理がそんなものを着ていたのではお気の毒だ、われわれで新しい寝間着を買ってプレゼントしよう」という話になったそうです。それで、その次の日あたりに、皆でお金を出しあって、寝間着を買って、周総理に「どうぞこれをお召しください、着てください」と言って差し上げました。そうしたら、周総理はそれを受け取って、「君たちのその気持ちは大変うれしい。うれしいけれども、私が着ているのは継ぎが当たっているけれども、まだ使える」と、言われたと言います。迎賓館の壁のガラスケースの中に、各所に白い小布と白糸で繕ってある白い厚手の寝間着が展示してありました。そのときの周総理が着ていらしたものでした。

周総理のことを「世界最高の素晴らしい指導者だ」と心から尊敬し、その生き方を見習っていた西園寺さんのラクダの股引や毛糸の靴下も、あり合わせの毛糸で繕ってありました。西園寺さんは家での食事も「ある物でいいよ」と、文句言われることは決してありませんでした。

西園寺氏をスパイ呼ばわりの二人を叱責

西園寺公一さんは、北京市中心部にある中日友好協会の敷地内に住んでいました。日本から大事なお客さんが来て、周総理が会うというときは、必ず西園寺さんが一緒に付いていていました。西園寺さんは周総理に随分会っています。〝日本の民間大使〟と周総理が言うぐらいです。

ただ、文革中に、西園寺さんに対してスパイ容疑で投獄すると、四人組が言い張ったことがあります。四人組の盛んな時代でした。自民党代議士の松村謙三さんや朝日新聞社長の広岡知男さんたちの訪中団が北京へ来ました。あのときに、中国側では呉曙東さんが対外貿易部門でいました。上野の音楽学校を卒業しています。それともう一人、徐明さんもいました。四人組関係者の二人で、西園寺批判をしました。

訪中団を迎えたとき、ホテルの応接間あたりに集まりました。そのときに、その二人が一緒にいて、松村謙三さんや広岡さんたちのいる前で公然と西園寺批判をしました。中国のその二人が、西園寺批判をしたのは初めてです。それは西園寺さんにしてみればショックでした。そこで西園寺さんは怒ったわけです。その話が周総理の耳に入りました。

西園寺さんがいよいよ七〇年に日本へ帰ると決まったとき、周総理がお別れの会を人民大会堂で開いてくださいました。そのときその連中も呼んで、「おまえたちは西園寺先生を批判した。どういうことで、西園寺先生を批判するのか」と、怒ったように言ったそうです。そういう宴席を設けて、わざわざ二人を呼び出して、おまえたちが謝らなければ私が謝ると、そういう非常に細かい配慮をしてくださいました。

西園寺さんも、何で自分が日本のスパイで投獄だとか何とか言われなければならないんだと、中国に対してかなり不満でした。だから、日本に帰ろうという話にもなりました。でも周総理のほうは、その二人に対して先生に謝れということで謝らせたのです。また、そういう状況の中だから、西園寺さんには、帰って日本で活動してもらったほうがいいという考えもありました。毎年一回は必ず中国へ来てくださいという約束ができました。

■「帰国が本決まりになると、ぼくはひどく忙しくなった。（中略）周恩来総理から二回にわたって招待されたことは忘れられない。最初の招宴は、徐明、呉曙東も呼ばれていた。席上、周総理が二人に向かって、『あなた方は、西園寺さんが反中国であると、根も葉もない批判をしました。この席で謝罪してください』といった。（中略）最初二人は謝罪することを渋っていた。そうすると周総理は『あなた方が謝罪しないのなら、代わりに私が西園寺さんに謝るしかありませんね』と発言した。二人はようやく『ご迷惑をおかけして申し訳ありません』と頭を下げたよ」（『西園寺公一回顧録』）

もう一回は一九七〇年七月三十一日、人民大会堂で。周総理が北京滞在十二年半の西園寺氏の労をねぎらった。「周総理は（中略）『もし、西園寺さんが中国を追い出されて日本に帰国するとお考えなら、もう少し北京にとどまってほしい。（中略）そして、今後は毎年一回中国を訪問してほしい。中国はいつでも歓迎します』と言っていただいた」（『西園寺公一回顧録』）

西園寺氏を「民間大使」と呼ぶ

周総理は西園寺さんのことを信頼していました。「民間大使」という名前を付けたのも周総理です。周総理の印象は、中国の人、特にその通訳をやった人に言わせると、よく怒られたという話があります。私は、周総理が厳しかったという経験は全くないし、西園寺さんもないと言っていました。多分、周総理は不満なことはたくさんあったのでしょうが、私たちに厳しく接するということはありませんでした。そういう一面もあったんだな、と思いました。

■西園寺公一氏が周恩来夫人の鄧穎超さんに宛てた手紙 「私が中国に12年間滞在し、周恩来先生、廖承志先生等のご指導を受け、常に平和を愛し、人民に奉仕することの本質を学ぶことができました。(中略) とりわけ周恩来先生には、人民に奉仕すること、人民と共に歩むことの重要性、そして、人民と共に歩むことで得ることのできる喜びについて、身をもって学ぶことができました。周恩来先生は同志や友人の意見をじっくり聞いてくださる人でした。(中略) 決して自分の意見を押し付けることのない指導者でした。そのかわり、間違ったことをしたり、間違った方針に対しては容赦なく批判されたことは、何回となく、見たり、聞いたりしております。(中略) 太平洋戦争の敗戦以前から、私

周恩来総理夫人の鄧穎超さん（左端）と話し込む南村志郎（右端）と西園寺公一氏＝1984年、北京市内の周恩来総理私邸で

は日本と世界の政治家たちに接してきました。（中略）毛沢東先生、周恩来先生をはじめとする中国の指導者には、他国の政治家にはない温かさ、人間的な豊かさがありました」（『西園寺公一回顧録』）

2　廖承志氏と家族ぐるみ昵懇

周恩来総理と廖承志さんとの関係ですが、廖さんの父親が国民党で有名な人です。母親の何香凝さんはかなり長生きされました。ご両親は、国民党の非常に優れた長年の活動家でした。周総理は廖さんのご両親とも交流があって、その息子だから、かわいがったわけです。だから、廖承志さんも総理のそういう人柄をすごく信頼して尊敬していました。

廖承志さんは、中日友好協会の初代の会長をされました。これも周恩来さんのご指名です。しかも、中日友好協会というのは、言ってみれば中国対外友好協会の下の組織ですから、そこの会長さんといっても高が知れているわけです。廖承志さんが会長になるような協会ではないわけです。しかしそれは周総理が日本を重視して、廖承志さんを会長に据えたわけです。その後、廖承志さんは国家副主席に決まりましたが、惜しいことに正式に就く直前に亡くなられました。

廖氏に相談、助言を

私のほうも、日中友好運動の中で何かとぶつかって困ることがありました。当時はまだ、日中関係が正常化されていません。こちらはまだ三十を超えたか超えないかぐらいの若造だから、突っ走ることがあるわけです。そうすると石に頭をぶつけたりして、解決するのにはどうしたらいいかと思いながら、難しい問題にぶつかったときには廖承志さんの所に相談に行きました。廖先生は気軽に会ってくれて、彼の家にも行ったことがあります。彼も、私が北京のホテルに泊まっていると一人でふらっとやって来ることもありました。そういう関係だから、廖さんにどうしたらいいですかと相談しました。そしたら、「君、おまえさん、やるのを間違ったよ、こうやるべきだよ」とかね。「こうしたらいい」と、アドバイスしてくれました。そうすると私はそういうふうにやって物事が進むわけです。

廖承志氏（右から２人目）の家族とくつろぐ南村志郎（中央）＝1960年代、北京市内の廖氏の自宅で

だから、私は今、日中関係がうまくいかない一つの大きな理由は相談する場所がないからではないかと思います。別に私だけが廖さんと相談していたわけではありません。そういう人がたくさんいたのです。日中友好運動というのは、別に日本だけがやる、あるいは中国だけがやる問題ではありません。一緒にやらなければいけないことです。問題が出たときには一緒に話し合って、こうすべきだ、ああすべきだ、ということをやっていかないと、なかなか物事が進まないということがあります。だから、そういう話し合いの場をつくるようにと、私は三年ぐらい前から中国側によく言っています。が、全然できません。

今、中国の中にも知日派がたくさんいます。そういう人たちがものを言わないのです。日本のことを言うと自分の身にマイナスになると、考えているのではないでしょうか。だから、いろいろな問題が出たら、どう解決していいか、相談する場所がありません。今、私が日中間で一番困っている問題です。昔は私も若かったし、問題にぶつかったら中国へ行って相談すれば何とかなるというような、駆け込み寺のようなものがありました。今はありません。

3　鄧小平氏の凄味

テニス上がりの鄧氏

それから、もう一つ印象に残っているのは、中日友好協会の真ん前にあった古い国際倶楽部のことです。小さな洋館建てでしたが、あれが当時の国際倶楽部。定宿の新僑飯店から歩いてすぐ、昼には国際倶楽部へ行って、食事をしました。そこはリャンピャオ（糧票＝食糧券）が要りませんでした。まだ食糧の不足している時代でした。一九六二年か六三年。国際倶楽部へ食べに行ったときに、鄧小平さんが入ってきました。外にテニスコートがあり、おそらくテニスをしてから食事に入ってきたのでしょう。暑い時期でしたから、鄧小平さんはシャツ一枚。そのときに私は鄧小平さんにあいさつをしました。間近で言葉を交わしたのは、そのときが初めてです。

ちょうどその当時、総評事務局長の岩井章さんが北京に来ていました。お土産として船でかなりの量の米を持ってくるとの話でした。中国が食糧不足で大変だということを分かっていましたから、いくらかでも足しになればと思ってのことです。私は鄧小平さんに、今岩井さんが来て、労働組合から食糧を持って来るという話があるけれどと話しました。そうしたら、鄧小平さんが私にどう言ったかというと、「気持ちは大変ありがたい、われわれも大変感謝します。しかし、そう言ってはなんだけど、持ってこられた量では少ない。少ないというか、分けようがない」と。それでも何千トンクラスではなかったかと思います。「われわれ中国にはこれだけの人口がいます、あの量を分けるとしたら何粒分ければいいのか分からないほどで、申し訳ないが平等に分けることができません。だから、大変ありがたいが、感謝しながらこれは辞退します」。そういう話でした。なるほどなと思いました。普通だったら受け取っておいて、何人かで分けて食べてみるという方向になるが、違いました。

眼光鋭く

言葉は交わしませんが、鄧小平さんにはその前に会ったことがあります。一九五六年に北京の展覧館で日本商品展が開かれたときです。だから、国際倶楽部でばったり鄧小平さんに会ったときに、五、六年前にお目にかかったこういう者ですという自己紹介をしました。そしたら向こうは、ああそうですかということで、そういう話になりました。あの人の目玉がすごい、鋭い目でした。怒られるときは怖いだろうなという目をしています。この人は切れ者だなという感じがします。優しいという感じはしません。優しいという感じがするのは、軍人の朱徳さんです。

私はそんなに中国語も達者ではありませんでした。鄧小平さんも一生懸命に標準語らしくしゃべろうとされました。公の席では鄧小平さんの四川省訛《なま》りには、通訳は苦労します。だけど、私に会ったときは一生懸命標準語でしゃべろうとなさっていました。声は、そのときはそんなに大きくはありませんでした。もちろん私は、聞くほうだっていいかげんだから全部聞き取れるわけではありません。だけど、言っておられることは分かります。付き添いもなくたった一人でした。偶然の出会いです。ただ、私は前に展覧会場で会っているから、鄧小平さんだとすぐ分かりました。一応ちゃんと汗も拭いて、食事に入られたのですからね。その後鄧小平さんはどこへ行かれたか、そこまでは確認していません。だけど、皆が食べるような場所ではなくて、別室でした。

当時の食糧不足

商社マンで北京駐在していた頃の日中関係というのは、ご承知のように一九五八年の長崎国旗事件（64頁参照）の後です。まだ日本に対してはかなり厳しい時代です。しかもその人間も非常に少ない。つまり、友好商社という肩書がなければ、中国では仕事ができない時代ですから。誰でもどうぞという時代ではありません。六一年の秋、長崎国旗事件が一応解除されて、友好商社という資格を得た所だけが、どうぞ商売してくださいという時代です。そのとき北京にいました。まず感じたことは、一般の人たちが非常に苦しんでいたことです。なぜ苦しんでいたかというと、一九五九、六〇、六一年というこの三年間は、非常に食べ物のない時代だったのです。

大躍進政策（毛沢東が飛躍的な生産向上計画を提唱、飢饉などで失敗に終わる）の影響もありましたが、主要な原因は、朝鮮戦争（一九五〇年～五三年）です。中国は参戦しましたが、その当時、中国はろくな武器は持っていないわけです、旧式なので、武器は当時のソ連から借りたわけです。その見返りに、食糧と綿花、これで払えと。五九年から払い始めたわけです。そして、食べ物はない、着る物はないという時代に入ってしまいました。私は六一年に北京へ行きましたから、そうした状況の最後の頃でしたが、それでも厳しかったです。世間の人たちは食べるものが無くて、街路樹の葉っぱを食べていたという話まで出るくらいでした。

私は新僑飯店に泊まっていました。あの頃は商社が二十社ぐらいありました。新僑飯店に泊まっていた商社マンは食堂で食事を取ると、一人一人が注文しただけの料理が出てきました。だけど、大体において食べ切れないくらいの量でした。そうすると食べ物が残ってそれは捨てることになります。当時の食糧不足の状況から、われわれ何人か一緒になって、グループで食べられるだけのものを取るようにしよう、残すようなことはやめようとしました。

私たちは、大体自分が食べられる範囲内のものしか注文しませんでした。そうしたら、ホテルの食堂の責任者が私の所に来て言いました。「あなたたち、食べ物、日頃と違って、えらい注文が少なくなっています。われわれが食べ物に困っているということを考えてのことだろうと、私どもも思っている。そのことに感謝はするけれども、あなた方には十分食べてほしい。残るのは残ってもいいんです、そういうことを考えないで、自由に食べたいものを食べてください」と、わざわざ頼みに来ました。私は、はいそうですかとは言いませんでした。現実に皆食べ物に苦しんでいることが分かっていましたから。

街に出ると、油条だとか、包子とか、売っています。しかし、それを食べる人たちは皆、リャンピャオ（糧票）という食券を払います。昔日本でも外食券というのがありました。その券を出さなければ食べられませんでした。当時はそういう制度だったのです。そうすると、私たちは、あれうまそうだな、あれ食いたいなと思って店に入ります。われわれにはリャンピャオはないから、店の人と交渉するわけです。リャンピャオはないけれども、あれを食べさせてもらえないかと言うと、断られます。そのぐらい厳しかったのです。そうすると、中で食べている誰か中国人が、「いいよ、お客さん、私がリャンピャオ払うから、出すから、どうぞ食べてください」と。そういうことがしばしばありました。

文革中の鄧氏

それから、もう何年か後の話。文革が終わる頃だったと思います。鄧小平さんは文革中に批判されていました。その頃、全国運動会のような催しが北京で開かれました。そのときに西園寺公一さんが招待されて、貴賓席というか、中央の席に座っていました。西園寺さんがひょいと見たら、鄧小平さんが離れた遠い席に一人ポツンと座っておられました。西園寺さんは、自分でそこまで行って、鄧小平さんにあいさつをして、「いかがですか、こっちの席へお移りになりませんか、貴賓席のほうに」と言ったら、鄧小平さんに「いや、私はここで結構です」と断られた話があります。まだ文革中で、かなりいろいろあったのでしょう。

西園寺さんと鄧小平さんは普段、ちょっとした付き合いはあったみたいです。だけど、一九八九年六月四日の天安門事件のとき西園寺さんは怒っていました。一体何を考えているんだと言っていました。年一回訪中するという周恩来総理との約束を守って、天安門事件後にも西園寺さんと一緒に北京に行ったときに、鄧小平さんにお会いになりませんかと言われました。ああいう偉い人には、私は会いませんと、西園寺さんは断りました。そのときのそういう気持ちがあるのです。西園寺さんの鄧小平さんに対する評価は、そういう評価だったのだろうと思います。周総理にもしそう言われたら、言われなくても喜んで会いに行くはずですから。

4　胡錦濤主席との出会い

私は北京の人民大会堂で、胡錦濤国家主席に会っています。それは中国対外友好協会結成五十周年の記念式典のときです。胡主席はそのときの演説の中で「民間交流の重要性について」を話されました。国交正常化後、久しく耳にしなかった言葉を聞き、嬉しかったことを記憶しています。引き続いて唐家璇さん主催の夜の宴会でも、唐さんが挨拶で、嬉しそうに「民間交流」について話されました。

江沢民前主席は日中議員連盟の議員方たちと一緒に会いましたが、話の内容が「電気回路……」の例を引かれて説明されましたが、その方面に知識の無い私には理解できませんでした。以後は江主席にはお会いしていません。

習近平さんは、私はまるっきり知りません。

第4章　日中間の政治家のパイプ衰退を嘆く

1　見直した古井喜実氏

もう一つ、お話しておかないといけない。国交正常化前にLT貿易からMT貿易になって、それで一九七二年の正常化に至るわけです。一九六八年のとき、古井喜実さんは決裂寸前までモメた交渉をしています。

■LT貿易とMT貿易　五八年の長崎国旗事件（64頁参照）により、中国は日中貿易を中断させた。その後、六二年に「日中総合貿易に関する覚書」が調印され、日中貿易は拡大に転じた。このときの準政府間協定に基づく日中間の長期バーター貿易をLT貿易という。LTは調印者の廖承志と高碕達之助の頭文字。台湾問題などにより制約を受け、六八年に期限切れとなる。そのあと、六八年二月に日本側代表古井喜実と中国側代表劉希文の間で交渉し、覚書貿易協定が成立。MT貿易とも呼ぶ。五年期間のLT貿易と異なり一年ごとの協定となり、政治色が強まった。中国側が日中政治三原則や政経不可分の原則を主張した。

■古井喜実　日中貿易促進に尽力した自民党代議士。元法相、日中友好議員連盟会長。一九五九年、松村謙三に同行し初訪中。六二年、松村謙三らと日中記者交換の実現を取り結んだ。LT貿易の五年間の期限が切れた翌六八年に田川誠一、岡崎嘉平太と訪中し、覚書協定を交わした。六九、七〇、七一年と訪中し、党内や右翼から批判されながら協定継続に務める。国交正常化準備に尽力した。

私はそのとき、北京で交渉を済ませた直後の古井喜実さんに会いました。彼は、ひどくくたびれた顔をしていて、何かブツブツ文句を言っているわけです。どうしたんですかと聞いたら、今度はひどい目に遭ったと言うのです。古井さんは、LT、MTの交渉に毎年のように北京に来ていて、交渉の後に時々、いかがですかと会いに行くことあったが、大体において、こうだった、ああだったという話で、そんなに難しい顔はしていない。ところが、このときは、すごく難しい顔をして、「今度はくたびれた」と。

今までの交渉とどこが違ったかというと、今までは貿易交渉で来ているわけです。ところが、今回の交渉では、初めて日米安保条約の問題や歴史認識問題が出された。今までと全然違った。文革中だから内部でそういう話があって、日米安保については、けしからんということで、ものすごい批判も出たらしい。

「アメリカは中国と手を握る」古井氏の卓見

そのときの古井さんはどう答えたかというと、日米安保けしからんというような話よりも、すでに、アメリカはベトナムの空襲を止めるというような情報が流れている、いずれベトナム戦争は終結するだろうと。アメリカがベトナムから手を引けば、その当時、ソ連が極東を狙っている。だから、アメリカが極東での地位を確保しようとすれば、遅かれ早かれ中国と手を握る。古井さんは、中国側にそういう話をしていました。日米安保を批判するよりも、アメリカが中国と手を握って、ソ連のアジア進出を拒むということになれば、日米安保なんか問題じゃない、という論調でした。古井さんは私にこう話していました。中国は、おまえ何を言うのかという態度で耳も貸さなかったらしい。だけど、それは遅かれ早かれ、そういう状況になるということを、古井さんはそのとき言っています。それからしばらくして、一九七二年二月にニクソン大統領が電撃的に訪中して、結局そうなりました。

そのとき、もう一つは台湾問題。共同声明でこれを入れると、中国は主張しました。古井さんにしたら、冗談じゃない、こんなことを私はとても考えられない。なぜなら、アメリカと中国が手を握れば、日本と中国が手を握らざるを得ない。そのときは、台湾問題は自然に解決するというのが古井さんの主張でした。これは古井さんの卓見だと思います。ところが、この台湾問題と日米安保でギュウギュウにいじめられました。

俺は、おまえたちとそんな話できるかと、交渉を投げ出して帰りたかった。だけど、自分が今ここで短気を起こして、席を蹴って帰れば、今まで長年つないできた日中関係の細い一本の糸が切れる。切れたら、また修復するのは大変だ。だから、私は袋だたきにあっても、我慢すべきだと思い直した——と。このときの古井さんは偉いなと思いました。つまり、中国とそういうことでいじめられると同時に、日本へ帰ってからは自民党内の右のやつからたたかれるわけですから。だったらもう、ここで席を蹴って帰ったほうが、どれだけ楽か分からない。しかし、この細い一本の糸を切っちゃいけない、自分はつながなきゃならない。だから今回は我慢に我慢して耐えた、ということを私に話してくれました。私はそのとき、古井さんを見直しましたね。この人はやっぱりすごい人だなと。結果から言えば、その通りになったわけです。ただ古井さんは、その心情を何とか吐き出したかった。それで、帰ってから朝日新聞に記事を出しました。

中国には、「愚公山を移す」という話があります。これは、二つの目の前の邪魔な山を、愚公という人が来て取り除いてくれた。日本にも愚公はいないだろうか、という記事。私は今でも覚えています。古井さんはそのときの交渉が頭にきていたので、朝日新聞に書きました。「日本にも愚公が欲しい」と。私は古井さんというのは、本当にすごかったなと思いました。あのときの交渉に他の人は逃げたわけです。ある代議士は誰かの結婚式があるからと帰ってしまったし、別の経済人は口実を設けて参加しなかった。三人で中国側と交渉するはずが、古井さん一人だった。古井さんは、よくやったなと思っています。この人は本物だと思っています。

■「愚公　山を移す」　愚公は、列子の寓話に出てくる仮作的人物。愚直一徹な人物の代表者として扱われる。愚公が齢九〇歳にして家の前の山を他に移そうと思い、人の嘲りを顧みず、箕《み》で土を運んだという寓話。愚かなものでも、知巧を用いず、つとめてやまぬ時は、ついに大事業をも成し遂げ得ることのたとえ。（『広辞苑』）

何となく古井さんは、あまり人から好かれるようなタイプではありませんでした。地味だし、芯がしっかりしています。それまで私は、古井さんは評価するもしないも別に、どうということはなかったが、あのときは古井さんを見直しました。この人はすごいなと。当時の、交渉相手のメンバーを見たら、四人組の中でも札付きの悪みたいなやつだったから。古井さんに対して言いたいことを言ったに違いない。罵倒したのではないでしょうか。

2　後藤田正晴氏から野中広務氏へ

日中関係の後継者を要請

もう一つは、官房長官をやった後藤田正晴さんについて申し上げますが、あの人は本当に立派な人だったなと思っています。彼が最後の信頼できる国会議員かなとさえ思います。というのは、彼が辞めるときに、私は、あなたが辞められた後、誰があなたの後を継ぎますかという問題をぶつけたわけです。私は国会議員の中で日中関係についていろいろやってくれる人がだんだん少なくなってきて、最後は後藤田さんだけだったのです。後藤田さんは、中国問題認識もきちっとしていて、あの人に頼めば間違いないということが分かっていました。それで後藤田さんに、最後のお願いだけれども、あなたの跡継ぎを決めてくださいと言いました。できれば若い人ということを申し上げて、もし若い人であるならば、私が責任持って中国問題のいきさつをその人にいろいろと話します、と。だから、こういう人物なら大丈夫という人間を紹介してくれ、と頼みました。そうしたら、後藤田さんは分かった、やってみる、とおっしゃいました。

それからひと月ぐらい後、後藤田さんから、ちょっと来てくれと電話があって、行きました。「君から頼まれて私ももっともだと思ったので、これはと思う若手議員を一人一人呼んで話した」と言います。あの人は、そういう点、真面目な人でした。ところが、「残念ながら、君の要求に応えられそうなのが一人もいない」。そういう返事でした。「いないじゃ困るじゃないですか」と食い下がり、「将来の話ではなくて今の話で、あなたの後は誰ですか」と聞いた。そうしたら、日中問題で時々出てきている、京都の代議士野中広務さんだった。

野中広務氏を紹介

「後は野中君に頼む」と。こういう話です。「しかし、私は野中さんを知らない」と言ったら、「あ、そう。会いなさい」。その場で後藤田さんが受話器を取って、野中さんに電話入れて。「これからこういうのが行くから、あなた、話聞いてやってくれ」と。すぐその場で面会を取り付けてくれました。「彼（野中さん）が今、大丈夫だって言うから行って会ったらどうか」と言われて、私は野中さんに会いに行きました。野中さんとは初対面ですし、いろいろ話して結局、「あなたの中国のパイプは誰ですか」と聞いたんです。そしたら「私はたくさんの人は知らない。しかし。唯一、親しくしているのは曽慶紅だ」と。江沢民国家主席の腹心で国家副主席まで務めた曽慶紅さんと通じていました。

■曽慶紅　中華人民共和国副主席、中国共産党第十六期政治局常務委員（序列五位）。上海から中央入りした江沢民総書記・国家主席の腹心として出世する。両親は党高官。野中広務・古賀誠・二階俊博など、「親中派」に連なる人脈とパイプを持つと言われ、一定の影響力を保った。

曽慶紅副主席とのパイプ

当時、曽慶紅さんは力を持っていました。「そうですか」ということで、「今後とも一つよろしく」というような話で終わりました。私は曽慶紅さんに会ったことはありません。だから野中さんが曽慶紅さんと、どのようにしてパイプをつくったのか知りません。

そしたら今度は野中さんが辞めるという話になった。僕は「野中さん、あなたが辞めたらこの後は一体どうなるんですか」と聞いた。確かにその間、私もじっと外から野中さんと曽慶紅さんの関係を見ていましたが、すごくお互い関係がいいんです。曽慶紅さんが江沢民主席の代理人みたいなことをやっているわけですから、力も持っている。このパイプは役に立つなと思っていましたが、しばらくして今度は野中さんが議員を辞めることになりました。また困ったなと思いました。それで野中さんに、「あなたの跡継ぎは」と聞いたわけです。野中さんが私に言った名前は、古賀誠さん。私はもう会いに行きませんでした。それでもうおしまいにしました。そういういきさつがありました。私はそういう点では、後藤田さんは偉かったなと思います。ああいう議員が今いないです。パイプになる人もいないし、表に出て発言する人もいないです。

第二部　私が体験した日中民間交流

第1章　戦争の加害者・被害者意識—私と中国の原点—

1　中国で生まれ、戦後引き揚げ

大連生まれ、北京で終戦

父が満鉄にいました。私は大連で生まれて、小学校の四年のとき父が転勤になって北京へ移りました。その後、ずっと北京で、北京からの引き揚げです。引き揚げたときには北京中学の四年でした。当時は、中学二年ぐらいから勉強は全くしていません。最初は砲弾工場で真ちゅう磨きをしていました。北京の近くの長辛店の山の下に「北支那派遣軍」という日本の軍隊が駐留していました。山の中腹に洞穴が掘ってあり、弾薬、武器の倉庫になっていました。これの警備もやらされました。

■満鉄　日露戦争後の一九〇六年、日本が中国東北地方に設立した南満州鉄道株式会社。半官半民の国策会社。〇七年に開業、鉄道、鉱山、製鉄事業を中心とした一大コンツェルン（一九四五年従業員数は約四十万人、うち日本人十四万人）。日本の敗戦により消滅。（『現代中国事典』、岩波書店）

山の上には鉄条網が張ってあります。四年生の初め、三八式歩兵銃を持たされて、鉄条網の内側を毎晩歩いて警備しました。ところが、まだ子どもみたいなものだから怖くてしょうがない。二人一組で回っていましたが、山の鉄条網の向こう側の下のほうではたき火をしている。後から考えると、中国共産党の八路軍でした。当時は八路軍だということは知りません。何かあそこに敵がいるかのような怖い思いをしたのはよく覚えています。

■八路軍　日中戦争期、主に華北で活動した中国共産党系の軍隊。戦術は基本的に遊撃戦であり、郷土防衛意識を持った民衆の支持を得ていた。国民党と共産党の国共内戦勃発後の一九四七年、人民解放軍へと改編された。

結局、そこで終戦を迎えました。八月十五日の午後の天皇陛下による終戦の玉音放送が終わった後、これで戦争はおしまいということがはっきりしました。兵隊たちが倉庫を開けて、中の武器や弾薬をみんな勝手に運び出しました。どこへ行くのかなと思ったら、八路軍のほうに持って行った。そういう兵隊が随分いました。当時は混乱してしまって、そういうことをやっても怪しからんとかいうような状態ではない。私どももついでに何か持っていこうかということで、拳銃か何かを一応持って出た記憶があります。あとで処理に困って、苦労しました。終戦の年の翌年の春、引き揚げ船で塘沽《とうこ》（天津市の外港）から日本へ帰ってきました。

■日本人引き揚げ　敗戦に伴い、中国などに在留していた軍人・軍属、一般邦人の国内への引き揚げ。中国からの集団引き揚げは一九四六年五月から始まり、四八年八月に中国内戦で中断された。この間に中国本土、東北地区、大連から合計二七七万人が帰国した。（『現代中国事典』）

中国軍による接収

私たちがいたところは、蒋介石の軍隊で李宗仁《りそうじん》の部隊が接収しました。李宗仁は蒋介石の一つの軍の高官です。主な所は全部彼らが先に手を付けて、私どもが住んでいた所がいわゆる部隊の宿舎みたいになっていました。そこには衛兵もいて、外から危害を加えられることは全くありませんでした。北京市内の情勢はというと、私は外を出歩いていましたが、日本人だと思うと中国人がわざとぶつかってきたということはあったようです。大したことはなく、割と安全でした。

■李宗仁　広西系軍人、国民党政治家、広西省桂林生まれ。一九二三年に国民党に加入、広東政府と共に広西を統一。反共を支持。抗日戦争開始後、広西軍を率いて転戦。抗日戦争終了後、国民党副総統から総統代理となり、中国共産党と内戦後の和平交渉行うが、調印を拒み香港に脱出。米国移住、六五年に帰国。

帰国し、宮崎で中高校生活

両親の出身地の宮崎に帰ってきて、また中学校四年からやり直しでした。そのときに新しい高校というか、学制の切り替えがありました。切り替えになったからまた新制高校三年に入り直しました。その頃、九州大学あたりからオルグといって、九州の各高校を回って高校生にいろいろな話をして歩く人が何人もいました。そのときに中国は国共内戦が始まっていましたが、必ず毛沢東の政権ができるということを話してくれたことは記憶しています。

われわれ高校生も、オルグの人が来たら話を聞いたり質問したりという勉強会をしていました。中国は非常に関心があったし、好きでした。何となく中国の水は合うけれども、日本の水は合わないという感じでした。特に宮崎は九州でも田舎ですから。

東京外大で全学連活動

宮崎から東京外国語大学に入りました。大学の自治会があって、誰か全学連に行ってくれという話になりました。誰も手を挙げないし、私も黙っていました。自治会の委員長と私は大学の寮にいて、一晩いろいろと話を聞いて、とにかくおまえ全学連に出てくれという話になりました。他に行く人がいないから、私が行こうかということです。外語大代表で全学連の中央執行委員会に出ました。当時の全学連というのは、その後の暴力的なゲバとは違い、かなりまともでした。その当時、後に社会党の副委員長となった高沢寅男さんは東京都連の委員長で、私は中央執行委員で事務所が一緒でした。高沢さんとは毎日会っていました。

■全学連　全日本学生自治会総連合の略称。各大学・高等学校などの学生自治会の全国的連合機関。一九四八年結成。日本の学生運動の中心。

東大の不忍池のそばに小さな建物があり、その中の一室が全学連の部屋でした。毎日、そこへ通いました。忙しかったです。私は正直言って、外語大の正規の授業に三日間しか出ていませんでした。授業は中国語です。二年になるのに試験があります。鐘ヶ江信光先生という中国語の主任が寮のそばに住んでいて、私のところにきて学校にも顔を出してくれと説得するわけです。試験のときに鐘ヶ江先生が来て「試験だけは受けてくれ」と言うので、私は三日間その試験だけ出ました。それで二年生になれなくてもいいというような気持ちで試験を受けました。私は中国に住んでいたので、外語大の一年生くらいのレベルなら何とかなるという気もしていました。試験の結果、二年に上がれました。

後に外語大の学長になられた鐘ヶ江信光さんは、ものすごくいい人でした。私の元へ時々来ては、きちんと食べているかと心配してくれました。あの当時は食べるということは大変でした。あの寮は汚い寮でしたが、食費を払えない学生が多くて、停食になるわけです。そうすると、毎日水を飲んでいるとか、芋ばかり食べているとか、そういう学生ばかりでした。冬になると、外側の塀を壊して部屋の中でたき火をしたり、そういうすごい寮でした。

二年のときに、アメリカのＧＨＱの教育担当から、教育改革案が出ました。日本の大学教育をこう変えろと。それ見ると、全体主義みたいな方法の教育内容でした。全学連のほうで全国の公立大学、私立大学に対して試験ボイコットのストライキの指示をしました。そのときの闘争で、私の担当は東京の自分の大学と東京女子大、一橋大、女子美でした。日にちを決めて、全国で統一ストライキをやろうという話です。外語大は石神井公園（東京都練馬区）のほうに疎開していました。結果から言うと、統一ストライキは見事に成功しました。

2　稲山嘉寛氏との出会い

退学後、鉄鋼業界紙記者に

ストライキは成功しましたが、その後は結局責任者に対する処罰がありました。私は退学処分です。外語大の委員長も退学になりました。あと停学が五、六人いました。私はそれで外語大と縁が切れたわけです。今度はどうやって飯食おうかという話になってきます。私は田舎に帰ることは全然考えなくて、東京で何とかしようと考えていました。そのときに『自立経済通信』という鉄鋼関係の業界紙がありました。毎日タイプで印刷して出していました。そこで一緒にやってみないかという話があり、じゃあお願いしますということで入りました。

それから鉄鋼のことを少し勉強し始めました。いろいろな記事を書いたりしているうちに、八幡製鐵の稲山嘉寛《いなやまよしひろ》さんが、どういうわけか知りませんが、かわいがってくれました。一通り鉄のことも分かってきて、何となく記事も書けるというか、ものになるようになりました。しばらく続けているうちに、稲山さんから「ちょっと来てくれ」と言われて、八幡に行きました。「君に、ちょっとお願いしたいことがある」と切り出されて、八幡製鐵の常務が私に何を頼むのかと思いました。何ですかと聞いたら「君は中国へ行く気はないかね」と言うのです。私は中国から帰ってきた人間だから、中国が好きだから機会があれば行こうと思っていると答えました。そうしたら「私の頼みを聞いてくれんか」と言って、聞いた話が非常に印象的でした。

日本の鉄鋼業は、中国の唐山にある開灤《かいらん》炭抜きには考えられないということでした。私が鉄の勉強をしている頃、開灤炭鉱の名前は聞いたことがありました。優秀な原料炭だということは分かります。しかし、稲山さんの話では、この開灤炭鉱がなければ日本の今日の鉄鋼業の発展はあり得ないという言い方でした。それで私はびっくりしたのです。中国の開灤炭というのは、それだけ日本の鉄鋼業にとって貴重なものだったということを初めて知りました。「そうですか」と言ったら、自分たちはその炭鉱が動いているかどうか、生産しているかどうかを知りたいという話でした。

■稲山嘉寛　日中経済交流の拡大に貢献した経済人。一九五〇年に八幡製鐵常務取締役、六二年に社長、七〇年に富士製鐵との大型合併を実現し新日鐵社長、その後会長。国交回復以前の五八年以来、ほぼ毎年訪中し、日中鉄鋼貿易や経済交流の促進に尽力した。七二年から八〇年まで日中経済協会会長、八〇年から八六年まで経団連会長。七七年の訪中時には「日中平和友好条約の早期締結を望む」と発言し、難航していた条約締結の道筋をつけた。

3　日の丸にすがり抗議する老婆の衝撃

北京の日本商品展覧会を取材

稲山さんが言ったのは、北京で戦後初の日本商品展覧会が一九五六年十月に開催される、その随行記者として行かんかという話。これは一般紙の記者も一社一名で付いて行くので、その中におまえも入って行ってくれということだったのです。私は北京に行くのはうれしいから、喜んで行きますと。唐山の開灤も割と近いから、何とか時間を見つけて行ってきますよと答えました。そうしたら、稲山さんは喜んで、もし可能なら海南島に田独という鉄鉱石を算出する鉱山があり、ついでにここも動いているかどうか見てきてほしいと。悪いけどもう一つ、朝鮮の清津西北の中国国境沿いに茂山という鉄鉱石の山があるが、そこも見てくれと。話がだんだん広がっていきました。そんなことを言われても、私は行ってみないことには、行けるか行けないか保証できないと答えました。唐山は北京から近いから何とか行けるかもしれないが、海南島へ行け、朝鮮へ行けでは私はちょっと責任を負いかねると。開灤だけはきちんと見てくれと言われて、それで出掛けたのです。

このときの日本商品展覧会が、ある意味では私が今日ここまで中国問題をやらなければならないきっかけをつくってくれました。これが私には本当に大きかった。当時のことはいろいろなところでしゃべっていますが、中国人老婆の姿が、いまだに目の前にはっきりと出てくるのです。

■日本商品展覧会　第三次日中（民間）貿易協定に基づき、一九五六年十月、戦後初めて北京で開催。毛沢東主席、周恩来総理も来場し、北京会場では一二六万人が参観した。毛主席は「日本商品展覧会を見て非常に良いと思いました。日本人民の成功をお祝いします　毛沢東」と中国語で題詞を書き記した。

私を変えた中国人老婆

随行記者ですから、毎日会場の中ソ友好会館（現在の北京展覧館）に行くわけです。会場に行くと、中国側では誰それが来るというのが分かっているので、大体毎日幹部に会います。だから毛沢東主席以下ほとんど主要な幹部とは、会場で会っています。随行記者の場合には、きょう三時、例の応接室へ集まれという指示がきます。行くと幹部が来て、そこで会ってくれました。普段はあまり会わないような賀竜さん（人民解放軍創設の功労者の一人で元帥。一九五九年以降、党軍事委副主席）あたりぐらいまで、ほとんどの人に会っていました。

北京展覧館の前には広場があります。その広場のど真ん中に国旗掲揚のポールがありました。そこに戦後初めて日の丸の旗が揚がりました。毎日ものすごい人が見にきていました。そのときの小売店では日本のビニールのテーブルクロスだとか、半袖シャツのようなものを売っていました。当時はまだ中国にないものが、かなり販売されていました。中国の皆さんは、そういうものも興味を持って買われたのでしょう。展示品には今のような立派なものはないけれども簡単なスクーターが出ていました。そういうものに試乗できたりしたから、毎日大変な人出でした。

ある日のこと、広場中央のポールの下にたくさん人が集まって何かやっているのが見えました。何が始まったのかなと思って私も近寄ろうとしましたが、近寄れなくて何をやっているか分かりません。それでも、ちょっと通してくれと言って一番前に出たわけです。そうしたら、中国人の老婆が旗竿にしがみついて抗議をしていました。新しい中国になってなぜ今またこの日の丸の旗を揚げなきゃならない。多分その人の息子だったと思うけれど、或いはおやじさんだったかもしれない――。そのことは今では記憶に定かではないのですが、この旗の下で殺された、と叫んでいました。「私は、この旗を絶対にこういう所で揚げることを許さない」と言って、降ろせと要求していました。警官が二人来て、そばで一生懸命

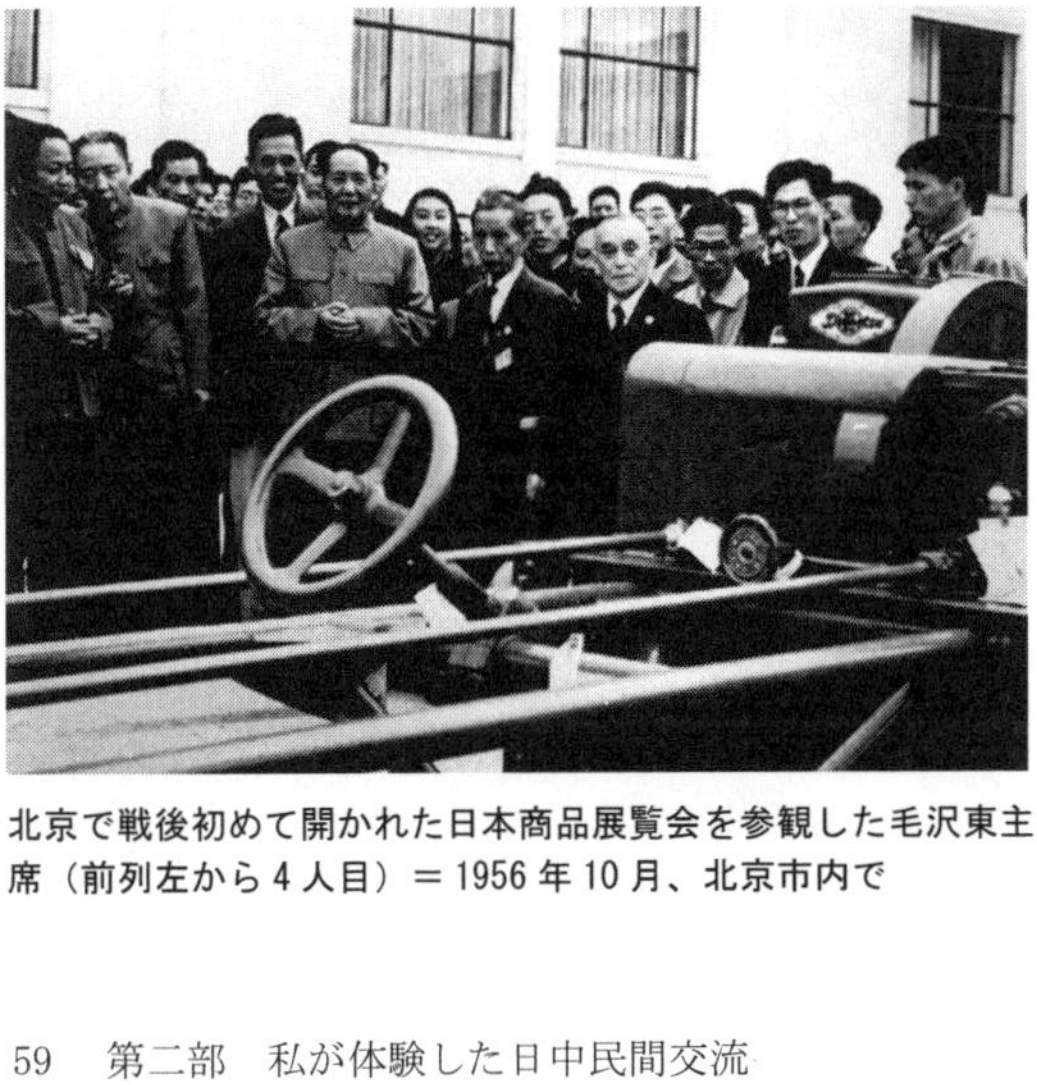

北京で戦後初めて開かれた日本商品展覧会を参観した毛沢東主席（前列左から４人目）＝1956年10月、北京市内で

に老婆を説得しているわけです。でも、お婆さんは頑として聞かない。多くの人が取り巻いて、黙ってそれを見ている。誰もがお婆さんを支持しているという雰囲気がありありと分かりました。警官も説得に優しく、あまり強いことも言いません。これを見たときに私は、被害者の傷みというのはこうなんだということが分かりました。今まで正直言って、私には分からなかったのです。私は中国好きだから、これから友好的に付き合おうという気持ちはありました。しかし、加害者意識というのは薄かったのです。

後で分かったことですが、そのとき、周りにいた人の中に劉徳有さん（元中国文化部副部長）もいたそうです。劉徳有さんもそれを見ていたわけです。僕の知っている人がもう一人いました。お婆さんは時間的には三時間ぐらい頑張っていたのではないでしょうか。だから多くの人がそれを見ているわけです。お婆さんは、普通の綿入れで縫った麻布のズボン、刺し子みたいにしたような、あれの上下でした。髪は普通の髪で、後ろに束ねていました。旗竿にしがみついて、泣き叫ぶわけです。警官がそれを引き剥がそうとする。いろいろ言いながら、絶対に旗竿を離そうとしない。あれは本当にショックでした。しかし、このことは中国と交流するときの「基本」であると教えてくれました。今でもお婆さんに感謝しています。

「加害者は忘れず、被害者は忘れるように」

それで、中国は、あの問題の起きた後、すぐ各地方に人を出して、どういう工作を始めたかというと、日本の戦争指導者と一般人を分けた教育を始めました。指導者は戦犯だ、赤紙一枚で引っ張り出されてきた一般の日本人兵隊はどちらかというと被害者だ、と。こういう教育を始めたのです。中国の中日友好協会の中にも、あの後どこそこに行ってその工作をやったと言う人が何人かいました。今はもうみんな定年退職してしまいましたが、まだ当時は現役でいたのです。聞いてみると、いくら説得してもこればかりは駄目だと。お前はそんなことを言うけれど、私はおやじが殺された、息子が殺されたなどという話が出てきて、返事のしようがない。日本の戦犯と一般人を分けて考えるべきだという論法が通らない。それで大変苦労したと、言っていました。それはそうだと、私は思いますよ。

過去の加害者意識というものを日本人がいつまで持てるのだろう、また中国人はいつまで被害者意識を持たなければならないのか、と。この問題について周総理がかなり心配していました。その問題があったときにすぐ工作員を派遣したけれども、正直言ってあまり効果は上がっていないと。

その後、日本からいろいろな文化人や政治家、経済人たちが中国へ行きました。当時の人たちは加害

中国国営新華社のベテラン記者、丁拓氏（右）の自宅で家族と歓談する南村志郎＝1960 年代、北京市内で

中国近代文学・歴史学の先駆者で副総理、全人代常務副委員長や中日友好協会名誉会長を務めた郭沫若氏（左）と握手する南村志郎＝北京市内の郭氏の自宅で

〝ピンポン外交〟の舞台となった第 31 回世界卓球選手権大会を観戦する西園寺公一氏（前列右から 3 人目）と南村志郎（その左）＝1971 年 3 月、名古屋市内の愛知県体育館で

者意識を持って出掛けました。だから、周総理に会ったときに、私どもは過去のことについて反省をしております、加害者であるということは生涯忘れません、というようなことを話す文化人もいました。そうすると周総理は「大変立派な話を聞きました。あなたのおっしゃるように、加害者が過去のことを忘れてはいけない。いつもそういうふうに考えて、被害者のほうができるだけ過去のことを忘れようとする。こういう関係になったときに、初めて日中の花が開く」という話をします。まさしく、そうだと思いました。

ところが、今日は政治家にせよ文化人にせよ経済人にせよ、これがない人が多いのです。昔の人はそれがあります。問題はそこなのです。あのときのお婆さんが、今でも私の先生だと思っています。これがなければ、私は今日まで日中交流活動を続けていられなかったかもしれません。あれは本当にショックでした。そのとき私は、加害者・被害者の意識をたたき込まれました。正直言うと、それまで私にはそういう意識はあまりありませんでした。私ぐらい中国に対して友好的なのはいないだろうぐらいの、うぬぼれもありました。だから、ぺしゃんこにやられました。日本へ帰ってからも、なんて私はばかだったんだろうと思いました。

第2章　一九五〇年代の新中国との貿易

1　稲山鉄鋼訪中団の成果

私は北京の日本商品展覧会の随行取材をした後、朝鮮大使館に行って朝鮮へ入れるかどうかと聞いたら「大歓迎します」と言うので、朝鮮に行ったのです。朝鮮には二週間滞在し、清津まで汽車で行って、清津からは茂山へは、朝鮮戦争のときアメリカ人が置いていった自動車で山登りしたら途中でエンストして、雪の積もった鉱山まで歩いて行きました。日本へ戻って開灤炭鉱、田独鉱山、茂山鉄鉱山のいずれも順調に生産していたことを、稲山さんに報告しました。稲山さんが、「それはよかった。これから中国へお返ししなきゃいけない」と言われました。

あの頃、アメリカは中国封じ込め政策をやっていました。経済交流にしても何にしても、いちいちGHQの許可が必要でした。しかも、先に向こうからモノを輸入して、それに見合う金額を輸出できるという関係です。出すものにも制限がある。例えば海産物ならいいが、自転車は駄目とか。アメリカが許可しない。一九五〇年にはCOCOM（ココム）という対共産圏輸出統制委員会ができ、一九五二年にCHINCOM（チンコム）という対中国輸出統制委員会ができて、いちいちチェックされるわけです。大半は駄目でした。

一九五二年に国会議員の高良《こうら》とみ、帆足計《ほあしけい》、宮腰喜助《みやこしきすけ》の三人が、モスクワ国際経済会議の帰りに中国へ行って最初の第一次日中民間貿易協定を結びました。そのときの貿易協定の総額が三千万英ポンドです。ドルは使えませんから、英ポンドです。

稲山嘉寛さんが一九五八年二月に日本の鉄鋼業界をまとめて、長期契約に中国へ出掛けます。中国が欲しい鋼材は何でも出します、その見返りとして日本は中国の鉄鉱石、石炭、鉱産物を輸入する、と。五か年計画で総額一億英ポンド。当時は一年ごとの日中の貿易協定が三千万英ポンドですよ。どれだけ違うかということです。貿易をやっている人たちを元気付けました。これは、さすがのGHQも文句言えませんでした。中国のほうも大変喜びました。画期的なことでした。これは稲山さんの功績です。彼が、今度は日本が中国の建設に協力する番だという考えで、まとめあげたわけです。これはその直後の五月に長崎国旗事件があっていったん駄目になりましたが、稲山さんという人はすごかったと思います。

■長崎国旗事件　一九五八年五月、長崎市内のデパートで開催されていた中国商品展示会の会場に飾られていた中国国旗（五星紅旗）が、右翼青年によって引き摺り降ろされた事件。日本政府は当時、国交関係のない中華人民共和国の国旗を承認していなかったため、事件を軽微な器物毀棄《きぶつきき》罪として扱い、犯人をすぐ釈放した。中国政府は事件を重視し、強く反発して、日中民間貿易の第四次協定を破棄するなど、日中交流は全面的な断絶に至った。

2　エビの尻尾切り

三千万英ポンドだの一億英ポンドだのというような話を普通の人にしても、当時大変だったということは分かったにしてもピンとこない。それで私はどういう状況だったか、経済交流がどれだけ大変だったかということを分かりやすくするために、〝エビの尻尾切り〟の話をします。

具体的には一九五七年。中国のエビ（中国語で**対虾**）と日本のタイショウエビは全く同じものです。両国の漁船が渤海の同じ場所で、エビを取っているわけです。日本が取ってきたタイショウエビは、かなりの漁量がアメリカ向け輸出です。ところが、中国との取引が始まって交渉で、タイショウエビの輸入がまとまりました。しかし、GHQに許可を申請したら、日本のタイショウエビと中国のエビは同じものだろうから、どう区別するのかとクレームがつきました。区別のしようがない、同じものですから。アメリカがタイショウエビのアメリカ向け輸入を禁止するということになりました。大洋漁業、日冷、水産大手四社が全部参加していますから、彼らも困りました。

これは駄目だというので、残念会をやろうとなって新宿の天ぷら屋に集まりました。そこで板前がエビを揚げるときに尻尾の三角の所を切って揚げている。板前に聞いたら、尻尾に水が溜まっていて、油の中に入れたら跳ねるから、あらかじめ切ってしまうということでした。中国のエビは尻尾を切ってもらってから日本に入れてもらえれば、日本のエビと区別できます。みんなでもう一度交渉して、まとまったのが〝エビの尻尾切り〟でした。

ただこれは、口で言うのは簡単ですが……。数十人も船に乗せて中国へ行きました。甲板に机を並べて、上がってくるエビの尻尾を一匹一匹切りました。

当時いかに大変だったかということを、若い人たちを含めて分かってもらうためには、そういう話をよくします。

3　新中国との貿易契約第一号の秘話

一九五二年に三人の代議士が北京へ行って、平和会議をしました。そのときに参加した人の中に巴商事の桜井英雄さんがいました。事務所が旧丸ビルにあって、桜井さんはそこの役員です。新しい中国と日本との貿易関係の契約第一号なのです。

日本へ帰ってきて桜井さんは、ものすごく苦労しました。ＧＨＱの尋問を受けたのです。中国の中のことをいろいろ聞かれて答えろと言われる。彼は、そんなことには協力しないと頑張った。そうすると脅かされたりして、結局、契約第一号は実行できませんでした。

桜井さんは中国人に対して申し訳ないと気にしていました。

私と西園寺さんは、一九八〇年代の何年かは忘れましたが、桜井さんを北京に呼んで、当時の進出口総公司の総経理曽中枢さんも呼んで会見の機会をつくりました。そこで桜井さんは、契約第一号を実行できなかったことを謝罪しました。そのいきさつは中国側がよく知っているわけです。だから総経理は、申し訳ないと言わなくていい、分かっていると言いました。そのときに、対外貿易の中国側の人たちも一緒に食事をして、和解しました。

これも歴史です。

第3章　廖承志さんと北京初の日本料理店

1　文革前に開店を担当

西園寺公一さんとの出会い

西園寺公一さんは一九五八年から北京に住んでいて、私は六一年の秋から北京の駐在になりました。新僑飯店が定宿でした。西園寺さんの住まいはご承知のように中日友好協会の敷地の中ですから、新僑飯店から歩いて何分かの距離です。私は酒飲みではないけれども、お酒の好きな人は西園寺宅に行けば、薦被《こもかぶ》りがありました。なぜ、薦被りがあるかというと、西園寺さんが北京にいて、いろいろ日本人からものを頼まれるんですね。こういうことを話してもらえないかとかいうように頼まれるわけですよ。頼まれるのはいいけれども、話が中国側に伝えられ、うまくいっても西園寺さんは決してそのお礼の金銭を受け取りません。これは大原則でした。彼は死ぬまでそうでした。私が西園寺さんと一緒に仕事をするようになって、西園寺さんから「お礼の金銭はもらっちゃ駄目よ」ということだけはきつく言われました。

しかし、西園寺さんがお礼を取らないから、依頼したほうが困ってしまう。それで、西園寺さんがお酒好きだから日本酒を切らさないようにと考えて、樽酒を送ってきます。いつでもあそこには日本酒がありました。北京駐在の日本人の新聞記者の人たちもそれが分かっているから、あそこに行こうよという話になるわけです。

西園寺さんとは、北京のいろいろな会合などで会ったのがきっかけです。家が近いから、晩飯食いにおいでよと誘われて、交際が始まりました。私は下手の横好きでピンポンが好きでした。西園寺さんは毎日ピンポンをやります。その相手をさせられました。私は酒を飲まないから薦被りには全く興味はありませんでしたが、西園寺さんといろいろ話をするようになって、西園寺さんも何となく馬が合うようになったのではないでしょうか。

廖承志さんの要望で

文革前のあるとき、西園寺さんから「ちょっと来てくれ」と言われて、行ってみると、「日本料理屋をやってくれんか」という話でした。当時、北京にはまだ日本料理屋なんていうのは一軒もありませんでした。冗談じゃない、私はそんな料理屋の経験もないしね。やれと言われても、私は金もないと断わりました。そうすると、金とか何とかは心配することはない、ただ、料理屋を仕切ってくれればいい、と言われました。金は中国側から全部出すといいます。私は当時、貿易商社マンですから、自分の仕事もあります。料理屋なんてやったことがないから、やっぱりとても無理だと断ったのです。

そうしたら、廖承志先生（中日友好協会初代会長）が料理屋をやりたいと言っているから、やらなきゃしょうがないだろう、という話でした。西園寺さんと廖承志さんはツーカーの関係ですから、廖さんから言われたら西園寺さんも最後まで嫌だと言えなかったでしょう。そして、あの二人の共通点はグルメであったこと。結局、そろそろ日本料理食いたいなみたいな話が出たのではないかと思います。

私もそこまで言われたら嫌だと言うわけにはいかないなと思いました。場所はどこですかと聞くと、北京の目抜き通りの王府井の東安市場の中でした。今はデパートになっている所です。昔の東安市場は迷路みたいになっていて、小さな店がたくさんごちゃごちゃありました。何がどこで何やっているのか分からないような雰囲気の所でした。

その中だと言うから、場所を見せてくださいと申し出ました。中国人が来て、場所を案内してくれました。実際は東安市場の大きな倉庫なのです。中はガラクタみたいな物がいっぱい詰まっていて。ここでやりますと言われても、料理屋をやるには大丈夫かなと思いました。しょうがない、やれるところまでやってみるかと。とにかく料理屋らしきものにしてくださいと頼んで、中の物を全部出して、少し改造してもらいました。

畳を京都から、板前は大連から

しばらくして出来上がったから行ってみると、確かに中は大きな広間になっていて、壁もきれいに塗ってありました。それらしい雰囲気は出ていました。ところが、だだっ広い大広間です。日本料理屋だとやっぱり小部屋がいくつか欲しい。それでは、小部屋を造ろうということで五つぐらいに仕切りました。ちゃんと向こうでやってくれたのはいいが、畳がないわけです。しょうがないから私は巻き尺を持って行って、寸法を測りました。その畳を京都の畳屋に注文して作ってもらいました。最後までうまく入るかなという心配はありましたが、何となく収まりました。ただ、畳を入れてみて思ったのは、いわゆる背中の窓が高い。お寺に来て、座っているような感じがするわけです。しかし、もういいかと。そんなことあんまり言ったってしょうがない。問題は板前です。どうするか聞いたら、板前は大連から呼んでくるという。昔は大連に日本料理屋がたくさんありました。そこで料理人をしていた人が、まだ生きていました。その人を呼んできてくれたんです。年はかなりいっていたけれど、やはり腕前は大したものでした。

調味料を日本から

次は調味料をどうするか。醤油から味噌から日本酒、そういった物を全部日本に頼みました。船で持ってきます。当時は航空直行便はないから、みんな船で運ぶわけです。基本的には味噌、醤油もそろったし、酒もそろったから、何とかなるかなという程度でした。料理人がこういう物、ああいう物が要ると言ってくれました。それも合わせて注文して取り寄せました。

そこで曲がりなりにも始めたわけです。店名は「和風」でした。食材の近海物は大連や舟山（浙江省）のほうから、野菜や肉は地元産の物で間に合わせました。大体はそれらしき物がそろうから、刺し身でも何でもできました。結局、そういうことで滑り出しました。さすがに当時、北京の日本人は商社の数にして五十社ぐらいでしたが、少しずつ増えていったと思います。商社員や日本から出張で来た人たちもいました。また日本を知っている中国人も多くいました。日本料理屋がただ一軒しかないわけですから、昼、例えば、カレーや天丼、かつ丼を食べたいと来て、みんな、この大きな部屋では大衆食堂みたいにして、それぞれが注文してそこで食べるわけです。蕎麦もうどんもあるという状態で滑り出しました。

私はそのとき東京にあった三進交易という小さな商社に勤めていました。三進交易は友好商社として独立していました。当時は友好商社でなければ中国へ来られないですよ。

■友好商社　日中国交回復以前に中華人民共和国より指定されて貿易を行った、日本の貿易商社。一九五八年の長崎国旗事件をきっかけに日中貿易は中断を余儀なくされたが、六〇年からは友好取引を行うこととなった。この友好取引に参加できるのが友好商社であり、政治三原則（国交回復の妨害をしない、二つの中国をつくる陰謀をせず、中国を敵視しない）と貿易三原則（政府間協定、民間契約、個別的配慮）を承認し、社会党関係者、総評などの友好団体の推薦を受けて中国から指定された場合だけであった。日中国交回復直前の友好商社は三三五社であった。

餅つきも行う

その日本料理屋が何とか滑り出しました。決して本物の味ではない物もありましたが、日本料理らしき物をと、日本人のみんなに満足していただきました。暮れになれば餅つきもしました。朝鮮族が使っていた杵と臼を使い、朝鮮族の作ったもち米を中国の東北地区から取り寄せました。みんな動員して、その当時はそれが唯一の楽しみでした。曲がりなりにも日本の酒も飲めました。私は酒飲みではないからよく分かりませんが、当時の酒には防腐剤が入っていたようです。

築地のマグロを香港経由で北京へ

日本料理屋が始まって、すき焼きだの刺し身だので、宴会をしました。最初のうちはそれで満足していましたが、だんだん欲が出てきます。刺し身もイカだのタコだの白身の魚は近海で取れるからいいが、遠海もののマグロはありません。西園寺さんが「君、マグロを何とかしろよ」と言い出しました。何とかしろと言われても、マグロは中国の近海にはいません。マグロは無理ですと言うと、「無理なことは分かっているが、廖さん（廖承志）が『マグロを食いたい』と言うから」と。また廖さんが出てくる。廖さんにはいろいろ世話になっているし、何とかしなければいけない。「分かりました。とにかく何とか考えます」と答えました。しかし、いくら考えても私の知恵でそんなことは解決できません。結局、築地です。

日本に一時帰国し、築地へ行ってマグロを買って、ドライアイスを詰めました。しかし、当時直行便はなく、香港経由です。香港へ取りあえず運びます。香港で泊まって、ホテルの日本料理店「金田中」に持っていって、ドライアイスを詰め替えます。次の日の朝、広東まで汽車で運ぶわけです。中国に入ると、ドライアイスはありません。だから、次の日の朝、飛行機でうまくいけば北京へ着く。当時は中国の飛行機の定期便は〃各駅停車〃です。広州から飛び立ち長沙に降りて、次が武漢、鄭州、そして北京です。その途中で雨が降ると、お泊まりです。プロペラ機ですから、決して無理して飛びません。そのときマグロを運んだのは北京に着くまでに延べ四日ぐらいかかったでしょうか。そうするとドライアイスなんかみんな溶けてしまいます。向こうに着いたら少し臭うこともありました。

後になって考えてみたら、これも一つの経験で。楽しいことがないわけではありませんでしたが、初めてのことなので、苦労のほうが多かったように思います。

2　廖承志さんと駐在邦人記者との「朝飯会」

文革のことも話す

その当時、日中両国の記者交換が始まり、各社一名ずつ北京に駐在していました。廖承志さんが日本人駐在記者を「和風」に呼んで、月に一回、朝飯を食べながら「朝飯会」を始めました。文化大革命の直前ぐらいからだったと思います。畳の広間で、中国側からは中日友好協会の廖承志、張香山、趙安博、孫平化、肖向前の諸先生、あと二、三人いたかもしれません。とにかく対日関係に携わっていたメンバーが参加しました。日本側も毎回、全員参加していました。なぜ、記者全員が参加するかというと、その後、文革が始まり、取材ができなくなる。朝飯会では文革の解説をはじめほとんどのことを廖承志さんが答えていました。それで日本の記者は大いに助かると言って喜んでいました。他の外国の特派員から「なんで日本人記者ばかり優遇するのだ」と文句が出て、「俺たちにも話をしろ」などとかなりうるさかった。それでもこの朝飯会は続きました。文革が激しくなって、廖承志さん自身が批判の対象になるようになってから中止になりました。

形式的には日本の記者のほうから西園寺さんのところに何か言ってきたのかもしれませんが、基本的には中国側の発想からスタートしたということではないかと思います。この朝飯会というのは、あの当時としては画期的でした。全く情報のない、壁新聞しか情報のないころですから。

3　文革後、日本料理店再開

またも廖承志さんから

一九五八年に長崎国旗事件で日中貿易がストップしましたが、友好人士の推薦により認めるという友好商社方式ができて、第一陣が中国に行って商談ができるようになったのが六一年の秋頃からです。私の北京駐在も六一年からです。日本料理店「和風」は文革中につぶれたというか、つぶされたというか、閉鎖です。

当時の文革で、廖承志さんに対する批判も多かった。文革後、孫平化さんが「また日本料理屋やってくれ」と言ってきました。私は、あんなことは二度とやりたくない。孫平化さんも「それならしょうがない」なんて言いながら帰って行きました。しばらくしたら、また来て、「実は廖承志先生が寿司を食べたいと言っている」と。何とか考えてくれないかと言います。

当時の友好賓館、昔の蒋介石の北京別荘です。その前は袁世凱（中華民国当初の臨時総統）か誰かが住んでいました。私たちはそこを定宿としていました。そこに造るというのです。私も廖さんに寿司食いたいと言われたらしょうがないかなと思いながら、行ってみたら、小さいけれどこれも倉庫です。料理屋に改造する費用はどうするかと聞いたら、それは悪いけど日本側で持ってほしいと言われた。こっちは金もないのに、金集めまでやらされるのかと思いましたが、西園寺さんからも何とか考えてやってくれと言われました。

それで日本の商社二、三に頼んで、カンパしてもらいました。当時は竹中工務店が北京に事務所を持っていたから、見積もりをさせました。どのくらいかかるか。改造費三〇〇〇万円です。私はお金が集まるかどうか分からんよと言いながら、とにかく頼みました。結局、二七〇〇万円ぐらいしか集まらなかった。竹中にこれしかないと、これ以上集められなかったけど勘弁してほしいと頼んで了承してもらいました。次は板前ですが、これは創価学会の料理人組織「白雲会」に引き受けてもらって、店の名前も池田大作さんが「白雲」と命名しました。

文化大革命後に北京で開業した日本料理店「白雲」で行われた「中日友好餅付き大会」＝1980年代、北京市内で

食道楽の廖承志さん

それで最初の握り寿司を廖承志さんに届けましたが、廖先生が食べたか食べなかったかは知りません。次の日あたりに廖先生は人民大会堂の全人代の会議に出ましたが、北京病院に入院中でした。だから、北京病院の縦縞パジャマを着て会議に出ています。その姿が写真に残っています。会議から帰ってから急に体調が悪くなって亡くなってしまったのです。廖さんはそのときは国家副主席に決まっていました。元気なら彼が国家副主席でした。寿司を食べたとすると、最後に間に合ったことになります。そういういきさつもありました。今、北京には日本料理屋が四百数十軒もあるそうですね。

私が最初に廖先生に会ったのは、記者のとき、一九五六年でした。それから西園寺さんが五八年から北京に常駐し、私が六一年秋から北京に駐在するようになり、西園寺さんや廖承志さんとの関係が出てきます。廖先生は、食通でうまいものには目がない人でした。ところが、あの人は心臓が悪くて、アメリカでバイパス手術を受けていました。性格的には日本語をしゃべらせるとべらんめえ調で、いろいろお付き合いができました。そして、肝心なことは、日中関係でいろいろな問題が出たとき、解決のために教えていただいたことです。深く感謝しています。

第4章　文革体験と林彪の死

1　文革〝マンツーマン講義〟受けさせられる

文革が始まってすぐ、新華社の呉学文さんが私を迎えに来て、「ちょっと、これから私と一緒に行ってくれ」と。どこへ行くのかと思ったら、北京飯店に行って、ある部屋に入りました。中には趙安博さんが一人でいました。朝の九時頃から食事時間を挟んで夜の九時まで、文革がなぜ必要かという〝講義〟です。今でもはっきり覚えています。趙安博さんが日本語で講義するわけです。講義を聞いているのは、私と呉学文さんの二人です。

■趙安博　日本留学歴を持つ知日派外交官。一九五〇〜六〇年代に活躍。抗日戦争では延安で岡野進（野坂参三）秘書、八路軍で日本人捕虜収容所副所長。建国後は紅十字会顧問として在留日本人帰国・捕虜釈放問題を担当。その後、中国共産党外事工作部や中国人民外交学会の要職を歴任。六三年の中日友好協会創立時に秘書長を務め、のち文革で失脚するが、七七年に同協会理事に復帰した。

大体、革命戦争で、みんな子どもの頃から鉄砲を持って闘ってきました。だから、鉄砲を撃つことは知っていても、教育を受けていません。それが解放された今日、過去の功労で、みんなそれぞれいい地位に就きました。場合によっては、全く自分の知らないような、例えば○○の委員長になる。いわゆる役職が与えられる。そうすると、最初は訳が分からず、まごまごしているが、かつてはびた一文だって出なかった給料を一番たくさんもらう。そうすると、住む家も立派だし、割と豊かな生活を保障されている。人間というのは、そういうのに慣れてくると、何とかそれを守ろうという気になる。その次には、それを子どもにも継がせたいと思うようになる。そうなると、やっぱり思想が変わってくる。それをもう一度改めるために、農村に行ったり、あるいは工場に行ったりして、農民や労働者から学ぶというようなことが必要になってくる。だから、文革が必要です――と。

結論から言えば、非常に簡単な話だけれども、私はそれを十二時間も講義を受けているわけです。文革というのはそういうものかと最初は思って、これはやっぱり必要なのだろうと思います。

ところが、途中から、康生、江青一派の「四人組」のおかげで、最初の精神がひん曲がってくるわけです。商社の仕事の関係で、中国人の総経理が出てきたりすると、商談になりません。何にも知らないから、気の毒だと思います。昨日まで鉄砲を持つことしか知らなかった人間に、貿易やれといっても無理な話です。用語一つ分からないから、無理だと思いました。だけど、生活面では給料を人より余計にもらって豊かです。汚職の問題も当時から出ていました。

そういう状態の中で、だんだんおかしくなる。今の中国の腐敗ぶりって、そうです。なんでそんなにみんな金を欲しがるのかと思うような人が、たくさんいます。だから、人間が腐っていくのです。

中華人民共和国建国当初の時代は、そういうことに対して厳しかった。賄賂でも銃殺刑みたいなのが、ありました。ところが、その後の時代になって、みんなが賄賂を始めているから、俺もやらなきゃ損だという人間が増えてしまいました。ひどい国になってきたなと思って、中国の友人に「この状態が続けば、また『井崗山《せいこうざん》』から出直しだな」と言いますと、彼は「そんな発言は注意してください。中国へ入国禁止になりますよ」と言った。私は「そんな中国なら興味はない。来ないだけだよ」と……。帰国後、私は西園寺さんに報告しました。彼は「君が（中国へ）行かないなら、僕も行かないよ」と言いました。

■井崗山　中国江西省井崗山市にある山。江西省と湖南省の省境に位置する急峻な山岳地帯の一角。一九二七年十月、毛沢東はここで約千名の「労農紅軍」を組織した。翌年には朱徳や彭徳懐等の軍が合流し、中国最初の革命根拠地を建設した。中国共産党の歴史では、この井崗山から中国革命が始まったとされる。

2 林彪の死 〝トップシークレット〟知る

毛沢東主席の後継者だった林彪《りんぴょう》が死んだのが七一年九月十三日。あの七一年のときに、西園寺さんと私は大連へ向かう途中だったか。大連に着けば、必ず歓迎の宴会がある。あの当時の宴会のあいさつの習慣として、毛主席を称え、それから林彪の健康がどうのこうのという、枕詞がありました。ところが、大連に向かっていた汽車の中で、中日友好協会の二人のお供から、今夜の宴会でのあいさつの中で林彪のことは言わないでくれ、と言われました。言わないでくれと言うだけで、何も理由を言いません。一体どういうことなんだと思いましたが、聞いても友好協会のお供も知りません。大連に着いて、林彪の話は出てきませんでした。

一日か二日後、北京へ戻って初めて林彪が死んだという話を聞きました。北京に着いたときに、朝日の秋岡さん（朝日新聞北京特派員、秋岡家榮氏）が来ました。「何かいい話ないですかね」というような聞き方だったから、林彪のことを少し調べてごらんと言いました。林彪がどうかしたのかって聞くから、「いや、それは知らん。あとは、全部調べて」と答えました。彼は一生懸命調べたけど、何も分からないわけです。それが分かったら大特ダネです。日本ではなくて、他の通信社が報道しましたが、いまだに惜しいことをしたと思います（毛沢東暗殺とクーデターの企てに失敗し、飛行機で逃亡中に墜落死したとされる）。

3　西園寺事務所を三十年

文革で北京にもいられなくて、日本へ帰って来ていました。西園寺事務所がスタートしたのは一九六七年かな。西園寺事務所は新橋のサンツー森ビルにありました。

一九九三年に西園寺公一さんが亡くなり、いつ西園寺事務所を閉めるか、私はずっと考えていました。別に経営を引き受けていた船会社のほうが黒字にならなければ、西園寺事務所も閉められない。船会社のほうは西園寺さんと直接関係はありませんでしたが、人がいないから私が引き受けたいきさつがあります。九七年にようやく船会社が黒字になったので、そのときに西園寺事務所も閉めたのです。三十年間やりました。以降は、私が勝手に北京を拠点に、横浜の自宅にも年三回ほど帰ったりして、フリーで動いています。

結局、事務所を閉めても、友好関係の仕事は死ぬまでやらなければならない。そのためにやっぱり、北京に住まいがないと困ると考えました。ホテルに泊まっていては、金が続かないし、大変だから。最初は中日友好協会の管理下の所へ泊まっていましたが、最終的には北京の西のほうの地域にある、全人代（全国人民代表大会）の常務委員専用のホテルに泊まっていました。全人代が開かれているときは、常務委員が泊まる所です。李鵬総理が全人代の常務委員長になり、そのホテルを自分の事務所で使うと言って、ホテルを追い出されてしまいました。また泊まる所がなくなりました。泊まるところを探し歩いていたらどうにもならないから、家を構えようと思って今の北京市中心部のマンションへ移り住んだわけです。

第三部　余生を日中の相互理解にかける

1 「民間」の弱体化

唐家璇さんに〝民間軽視〟を訴える

唐家璇さん（元国務委員・外交部長）とは昔から個人的にも付き合いがあります。時々忘れた頃に鍋でもつつきませんかというような誘いがあったりします。そういうときには小人数でプライベートな食事会ですから、言いたい放題言います。プライベートな、なんでも勝手にお互いに言い合いするような会合です。

彼が駐日大使館勤務時代に、私が訴えたことがあります。日中国交正常化のときに、民と官と、これから車の両輪でやっていくと言っていました。同時に、水を飲むときには井戸を掘った人のことを忘れてはいけない、とも言いました。官と民というのは車の両輪だから、これからその両方を重視するということが言われたのです。実際に国交正常化まで持っていったのは、民の力が大きいです、明らかに。ところが、大使館ができて以降、民間というのは、ほとんど相手にされなかったと、私は痛切に感じていました。

国交正常化以前に日中国交回復のために、民間運動で参加してきた人たちは、国交正常化したからこれで良かった、良かったと、みんな喜んだわけです。これから先、もっとやらなければと、みんな張り切っていました。東京に中国大使館ができたから、今度はみんな大使館に押しかけて行くわけです。

大使館ができて以降、すべての物事の処理は外務省との間でやるのは当たり前の話です。だから、もう民はいらないという態度が表れてきました。民間のほうは、俺たちがやったという意識があるから、大使館が自分たちのことを聞いて当たり前みたいな考え方を持っています。ところが、民間が持っていった話については、あまり重視しなかったようです。また、民間のほうは年配者が多かったから、もう俺たちの役割は終わったという印象を持ちました。私のところにも、俺たちはこれでお役御免だなという話が入ってきます。私はそれを痛切に感じました。それはおかしいじゃないかと思ったわけです。

それで私は、大使館へ行って唐家璇さんにこのことを話しました。

唐家璇さんは、それから本国へ帰って、しばらくしてまた公使で大使館に来ました。彼が着任してほどなく電話で、会いたいと言ってきました。私は大使館まで行って彼に会いました。そのときに彼は、こういう話をしました。あなたが民を軽視しているという話を前にしたので、私は外交部に帰ってから、みんなの前でその話をしました。それでみんなの意見もいろいろ聞いた。民間で活動してきた人は年齢の問題があり亡くなる人もいたし、俺たちはもうお役御免だと離れていく人もいた。だんだん民間の力は、なくなっている。結論から言えば、これからは民間も大事にします、ということでした。

■唐家璇　長く対アジア外交に携わった、知日家。七八年に二等書記官で来日、八三年に帰国。外交部アジア司長を経て、八八年に公使級参事官として来日、公使に。九二年に帰国し外交部副助理、九三年に外交部副部長、九七年に常務副部長、党中央委員。九八年、外交部長、その後、国務委員。

民間から抗議も出なくなる

以来今日まで、日中関係における民間の力というのは回復していません。

国交回復前に日中関係七団体が共同で抗議したことはたくさんあります。例えば、羽田（空港）へ行って座り込むとか。そういうとき、警察とぶつかるわけですから、争いが発生しました。それでも民間はやったわけです。ところが今は、抗議文一つ出そうということでもそろいません。関係団体はみんな法人格を取ったことが影響しています。例えば、日本の日中友好協会にしても、何か動こうとすると、外務省の顔色を見ます。だから、それは駄目だと、すぐ引っ込んでしまう。友好協会が法人格を取るか取らないかという話は以前にもありました。私はその当時のメンバーの一人でした。他に社会党や、いろいろな顔ぶれがいて、それは絶対に駄目だと言っていました。法人格登記をすると、必ずいろいろ規制が入ってきます。元来の日中友好運動に支障をきたすということで、ずっと反対していました。ところが、国交正常化以降は、そういうことがどこかへいってしまった。

2 昔は訪中前に「学習会」をやった

一九八〇年代の胡耀邦総書記の時代、あの当時の日中関係は非常にうまくいっていたと思います。日本青年三千人の大交流がありました。あの交流は今でも非常に良かったと思っています。あの当時は、日本から中国へ行く人たちは前提として「学習会」というのがありました。戦争の加害者、被害者の関係というのは、きちんとあの当時、頭に入れて中国へ行ったはずです。

だから、受ける中国側もちゃんと応対していました。私は一九六一年に最初に商社マンとして中国の広州交易会に参加したときに、ホテルに泊まりました。洗濯物を出そうと思って部屋に出しておくと、それをきちんと洗濯して干してあります。忘れ物をすると、それを探して次の旅先まで追いかけてきます。そういう話がたくさんありました。中国へ旅行すると、帰り際には抱き合って、涙を流して別れを惜しむシーンが多く見られました。日本に帰ったら、小遣いをためて、また中国へ行きたいという気持ちになりました。

ところが、今、中国へ行って帰ってきた日本人の話を聞くと、また行きたいかというと、半数以上はもう嫌だと言います。なぜかというと、それだけ感情の交流もない。十人なら十人、五日間幾らということで、中国の国際旅行社がツアーを丸投げするわけです。そうすると、日本語ができる通訳がツアーを買って、旅行客を世話したら、買った値段よりももうけなければ利益になりません。そうすると、どうなるか。食事を抑える、買い物に連れていく、芝居に連れていく。こういうことばかりやって、肝心の名所旧跡の観光ということはどうでもいい話になってしまいます。旅行者は折角観光に来たのに、ろくすっぽ案内もせずに、お土産物屋にばかり連れていく、夜の曲芸や芝居に連れていくと、不満が残ります。食い物もまずい。もう二度と行きたくない、となります。

私は、やっぱり、中国も日本もおかしいと思います。十年ほど前の事ですが、日本の一つの県から五十名ずつ高校生を何組か合わせて、中国へ招待して観光をさせて帰すという交流がありました。どこかの県から行けなくなり、五十人分の穴が開きました。日中友好協会から北京の私に電話がかかってきて、五十人の穴を何とか埋められませんかと言うのです。十二月の二十日あたりの出発で、もうあと十日ぐらいしかありません。五十人も無理かもしれないが、やってみると返事をしました。私は、神奈川県日中友好協会に五十人集められるかどうか検討してみてほしい、と働きかけました。県から教育委員会に頼んで、一校から一人か二人ずつ出すよう指示を出しました。すると、さっと集まりました。

それで、私が十二月二十日、彼らが出発する前に横浜へ帰ってきて、歓送会に出ました。みんな喜んでいましたが、教育長があいさつで、「皆さんは中国へ行ったら、胸を張って、必要があれば君が代を歌っていいですよ」と、話しました。子どもは何も知らないのに、中国へ行って、そんなことをするというのは……。われわれが以前、中国へ行く前に心得た教育とはまるで正反対の教育です。昔は中国へ行く前に必ず、みんな学習会をやって、基本的なことを理解した上で出掛けたものです。君が代を歌ってこいというのは、何を言っているのか。その後に、一言あいさつをと言われて、私は「教育長があういうことを言ったが、大事なことはみんなが行って、一人でも多くの中国の友人をつくることです」と話しました。やっぱり、今、日中関係が良くならないのは当たり前だと、私は思っています。

3　天津で大学院講座と交流講座を開く

先ず天津科技大学で大学院を開講

日本の知り合いから中国で学校のようなものをやってみたいという話が出ました。非常に積極的な人で、何人か集まって相談しました。やるのは結構だが、取り組んでくれる相手があるのかというのが問題でした。それで私は、今までいろいろ関係のある天津や北京で聞いてみました。中国の主要国立大学は全部中央管轄で、とてもじゃないが難しい。そこで地方政府管轄の地方の大学を狙いました。私は親しい天津市政府の人に、やれそうな大学があるか相談しました。するとし、翌日返事が来まして、これからすぐ行ってくれと。それが天津科学技術大学でした。行ったら、大学の党書記と学長が出てきて、ぜひやってほしいと要望がありました。それではやりましょうと始まりました。

天津科学技術大学で大学院をやりました。中国の大学卒業生と日本の大学を出た学生を双方十人ずつ計二十人。大学院の授業を通して日中関係についてどう考えていくのか興味がありました。三年間続けましたが、お金が続かなくて悪いけどやめました。

中日友好交流講座を二年間

そしたら、この大学の学長から、これでやめられると私どもも惜しい、何とか日中関係の役に立つようなことを続けてほしいと、要求がありました。それで私は宮崎勇さん（元経済企画庁長官）と相談して、どうしようと。いずれにしてもお金のかかる話だから、金の問題が解決できなければやれない。大学院のようなことではなくて、交流講座方式ならそんなに金もかからないだろう、と。講師には中国の知日派の人たちを総動員してもらうよう、私がすべて頼みました。問題は講師に対するお礼でした。中国人の講師に対しては一回、午後二時間ぐらいの講義で申し訳ないけど、車代程度しか出せませんでした。日本側の講師には無料でやってもらいました。日本から来て講義する人は、飛行機代、ホテル代、すべて自前でした。毎週というのは大変でしたが、日本企業の寄付は求めませんでした。

■中日友好交流講座　二〇〇七年九月に天津市の天津科学技術大学で開始。次代の若者たちに日中両国関係の発展の歴史、現状と将来を紹介し、若者世代の相互理解を増進する目的。長期にわたり日中交流に取り組んだ専門家を講師に、公開講座とした。二年間続けた。講座の内容は日中関係の政治、経済、歴史、文化、社会など各方面にわたった。天津科学技術大学、南開大学、天津大学、天津理工大学などから二万人が聴講、効果を上げた。（『遡源眺遠　中日友好交流講座文集』中日友好協会編、世界知識出版社、二〇一一年）

日本側講師の宮崎勇さん（元経済企画庁長官）、福川伸次さん（元通産省事務次官）は、いずれも官僚のトップまで務めた人。佐藤嘉恭さん（元駐中国大使）は元大使です。交流講座のオープニングには、天津市長の戴相龍さんが来ました。駐中国日本大使館からも公使が来ました。歓迎式典も大々的にやりました。一週間たつのが早くて。北京へ帰ってきて、しばらくして、すぐまた木曜日が来るから、天津へ行かなければならない。毎週、天津通いが続きました。

私が話をするのと、中国の例えば元文化部副部長の劉徳有さんとか著名な人たちが話すのとでは、聴くほうからすると全然違います。文化や文学など柔らかい話で非常によく分かるらしく、劉徳有さんは人気者でした。彼が講師だと、集まりが違うんです。だから、彼には数回授業をやってもらいました。彼も、わざわざクルマで天津まで来て、終わったらまた北京に帰るわけです。

■中国側講師（肩書きは当時）　呉学文（中日関係史学会名誉会長、中日友好協会理事、元新華社東京特派員）、歩平（中国社会科学院近代史研究所所長、中日現代史学会副会長）、趙雲方（中日関係史学会副会長、中日友好協会理事、元人民日報日本特派員）、王效賢（中日友好協会副会長、外交部日本処副処長、周恩来総理元通訳）、劉江永（清華大学教授）、高海寛（中日関係史学会）、劉徳有（中国文化部副部長、中国対外友好協会常務副会長、周恩来総理元通訳）

交流講座は二年続きました。交流講座の受講生は天津科学技術大学の全員に呼びかけました。学部とか、そういうことなしに。同時に天津の他の大学にも呼びかけました。南開大学や天津大学、天津理工大学、いろいろな学校の学生が来ました。前期、後期十五回くらいずつ、二年間で延べ二万人ぐらい受講しました。

中国の若者が日中関係についてどう考えているかということについて、正直言うと、私は理解が浅かった。なぜこの交流講座に参加しようと思ったかという質問を入れました。大半が、日本の鬼ども（中国語・日本鬼子＝日中戦争中に残酷なことをした日本人兵士をこう呼んだ、その名残）が来て何か言うらしい、何を言うか一つ聞いてやろうじゃないか、という姿勢でした。こういう人が、かなりの数いました。

一年間やった後、感想文を求めました。「初めはそういう安易な気持ちで参加したけれども、いろいろな講師の話を聞いているうちに、やはり日本との友好というのは大切だとよく分かった。これからは、そういう方面での仕事があれば、ぜひやりたい。なくても、今回の勉強のことを頭に入れながら、今後日本と付き合っ

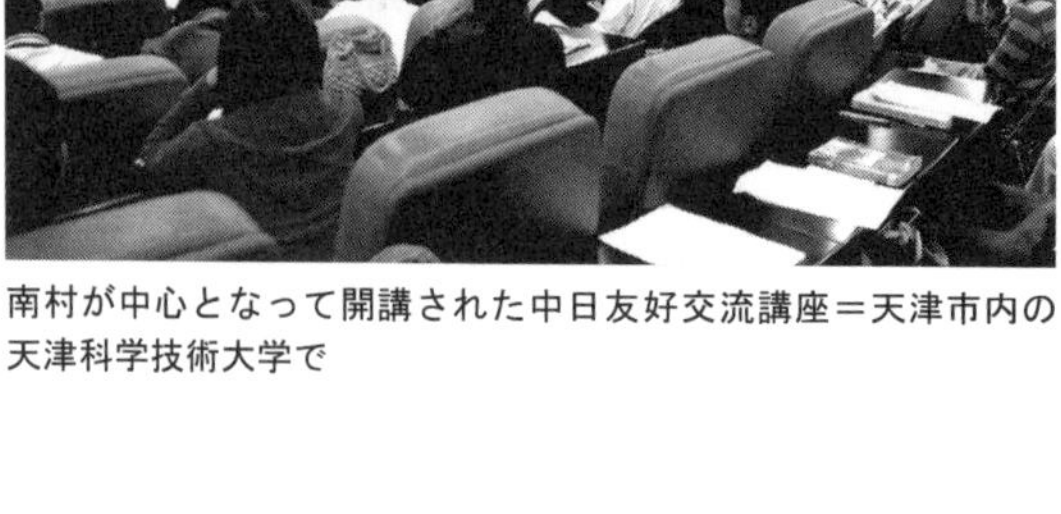

南村が中心となって開講された中日友好交流講座＝天津市内の天津科学技術大学で

ていきたい」――。そういう感想文が割と多くありました。開講してよかったな……。自己満足したと言ったらおかしいが、そういうふうに思っています。

二年間の講義の記録テープは、相当な量でした。私どもは整理して残すことを考えましたが、あまりの量で手がつけられませんでした。中国中日友好協会がこのことを知り、約一年近くの時間をかけて整理し、「遡源眺遠」を出版してくれました。心から感謝します。

4　日中未来の会の代表として

日中未来の会は毎年秋に訪中して、北京では社会科学院日本研究所との座談会をします。他には宋慶齢基金会との交流。それから時には、討論会をやっています。上海は国際問題研究院の呉寄南さんが中心となって、中国側のメンバーを集めて交流です。時には広東まで行って、日系企業訪問もする。そういう中で、私は今、日中間で一番欲しいと思うのは率直な意見交換。日中関係は官だけがやる、民だけがやる、というものではない。周恩来さんも「民が官を促進する」とおっしゃった。率直な意見交換できる場が欲しい。

■日中未来の会　二〇一六年三月にＮＰＯ法人として設立。南村志郎が現代表。会員数十人。東京を中心に研究会など日中関係の活動を続けている。

以前に歩平さん（中国社会科学院近代史研究所学術委員会主任）が、私どもと一緒に交流をしてくれました。彼はご承知のように、日中歴史共同研究の中国側座長をやっていました。惜しいことに歩兵さんは若くて死去しました。本当に残念だなと思っています。歴史共同研究の双方の論文は、みんなもらって目を通しました。内容は日中の学者がかなり近寄っています。歴史共同研究のメンバーの中で日本側の一人を除いて、日本の過去の侵略の歴史について認めています。南京大虐殺についても犠牲者数含めて日中双方の見解を両論併記しています。日中関係をどういうふうにしなければいけないかということを、彼らも考えているのです。この歴史共同研究の成果を両国共通の歴史教科書などに使わないと、もったいない。

交流には、歩兵さんと同じ社会科学院近代史研究所のメンバーも出てきました。社会科学院アメリカ研究所のメンバーも出て、中米関係について毎年レクチャーしてもらっています。私たち日中未来の会は力がないから、これからどういうふうに発展させていくかを考えています。

■日中歴史共同研究　二〇〇六年十月、安倍晋三首相と胡錦濤国家主席の間で日中歴史共同研究を行うことで合意した。中国側は歩平氏、日本側は北岡伸一氏（国際大学学長、元国連大使）を座長に、同年十二月から共同研究を行い、二〇一〇年一月に中間報告書を発表した。日本では出版化されたが、中国では出版されていない。

未来の会は、そういう交流を通して、人材を育てていかなければならないと思っています。それで若い人を参加させて、交流することになっています。今はもう、どうにもこうにも人がいなくなってしまいました。私はなぜ宋慶齢基金会を相手にしているかと言うと、あそこは、まず、子ども相手の事業が多い。今あそこの主席は、前の中連部（中国共産党中央対外連絡部）部長の王家瑞さんです。副主席は元中日友好協会常務副会長の井頓泉さん。井頓泉さんが未来の会と何かやりましょうと言っているから、何ができるか考えています。基金会は、保育所や幼稚園など、いろいろなことをやっていますが、貧困地区の小学校建設もやっています。

■宋慶齢　孫文夫人で、中華婦女連合会名誉主席、国家副主席、全人代常務委員会副委員長などを歴任。

八一年の死後に中華人民共和国名誉主席の称号授与。彼女の女性・児童のための福利活動を記念・継承して、八二年に宋慶齢基金会が設立された。

5　若者を育てる

これからのことは今、日中未来の会でもいろいろ意見を聞いています。問題は、若い人たちが少ないということ。日中関係は、暇な年寄りばかりが集まってくるみたいな雰囲気があります。だから、何とかして若い人を入れて、若い力を育てていかないといけない。今は若い人をどう育てるかということで一生懸命やっています。

昨年は大阪まで行って、日中友好の若い人の集まりで話をしました。私と日中未来の会の元テレビ朝日社長の桑田弘一郎さん、もう一人は早稲田大学元総長の西原春夫さんです。大阪の留学生が中心になってやっていて、日本人も、中国人も一緒にやっています。これには私もびっくりしました。若い人ばかり六十人ほどで、年寄りは一人もいません。大学生も卒業生も、社会人も一緒。神戸、京都、大阪から、しょっちゅう集まっています。その後、向こうのほうも「未来の会」と組みたいという話があるから、いろいろ相談しようと思っています。

中国政府から「中日友好使者」の称号を授与された南村志郎（左から５人目）と井頓泉氏（右から２人目）＝ 2009 年 7 月 9 日、北京市内の北京飯店で

【解説】 日中平和友好条約締結に向けた三木武夫元首相の新事実が明るみに

川村範行

南村志郎氏の証言は、一九七二年の国交正常化前後から七八年の平和友好条約締結に至る日中関係史の上で、三木武夫元首相に関する以下の新事実を明らかにした。

（1） 七二年九月の日中国交正常化より五か月前の同年四月、自民党顧問であった三木武夫氏の要請により、旧知の廖承志・中日友好協会初代会長を通じて周恩来総理との会談をお膳立てしたのが南村氏であった。三木氏は帰国後、日中国交正常化と日中平和友好条約締結の必要性を強く主張するようになり、自民党内で国交正常化への動きに影響を及ぼす。周総理との会談が重要な節目となったと捉えることができる。

（2） 国交正常化翌年の七三年四月、中国初の大型ミッションとなった訪日代表団の廖承志団長と三木武夫副総理との懇親会を取り持ったのも南村氏であった。この会食の場で、三木氏が日中平和友好条約締結への強い意欲を表明したのを、陪席した南村氏が聞き取っている。

（3） 三木氏が七四年十二月に首相就任直後、南村氏を深夜の私邸に招き、平和友好条約早期締結に関する周恩来総理宛て親書を託した。南村氏は直ちに北京で廖承志氏に親書を届け、返書を受け取り三木首相側に渡した。日中平和友好条約締結に向けた過程で外交以外のルートを使った首相親書の新事実は日中外交史上、極めて重要な意義を持つ。三木首相は就任当初、平和友好条約の早期締結に向けて親書のほかに外務省や駐中国大使に対し、矢継ぎ早に指示を出していたことが、三木氏の母校である明治大学史資料センターで筆者が調査した関連文書などから裏付けられる。日中平和友好条約締結は三木内閣では果たせず、そのあとの福田赳夫首相の手で成し遂げられたが、前述の新事実から三木氏は周総理との会談を契機に日中平和友好条約締結に強い意欲と使命感を持ち、南村ルートと外交ルートの両ルートから早期締結に向けて取り組んでいたと判断することができる。

前述の新事実は、いずれも南村氏が三木武夫元首相と周恩来総理との間を取り持った、日中外交の〝黒衣〟としての役割である。七〇年まで北京在住で日中間の重要な橋渡しを担い、周総理から「民間大使」と呼ばれた西園寺公一氏の秘書役を務めていた南村氏ならではの働きと言える。周総理の意を受けて対日外交を取り仕切っていた中日友好協会初代会長の廖承志氏と、南村氏との家族ぐるみ昵懇の間柄が背景にあったことが分かる。証言から新たに浮き彫りになったのは、六〇年代から七〇年代の日中関係には周恩来総理、廖承志氏─西園寺公一氏、南村志郎氏という人間関係が機能していたという側面である。

こうした一連の新事実について、三木氏の中国問題への取り組みの変化とともに時系列を追って補足検証していく。

（1）三木武夫・周恩来会談の重要意義

三木氏はもともと中国問題に強い関心を抱いていた。「戦後日本首相の外交思想」の三木氏に関する執筆をした竹内桂によると、三木氏は一九五〇年代には台湾の中華民国を是認するとともに中華人民共和国との関係強化の必要性も認識し、六〇年代には「二つの中国」を唱えた時期もある。七一年に入り、中華人民共和国が中国の唯一正当な政府との主張に傾く。そして、七二年四月の単独訪中による周総理との会談へと展開するのである。

当時の周・三木会談は日中両国で報道されて周知の事実ではあるが、舞台裏で動いていたのが南村氏であったことは随行者などごく少数の人にしか知られていない。南村氏の証言によれば、三木氏から内々の相談を受けて昵懇の廖承志氏に伝え、「いつでもいいよ」との快諾を得たという。当時、周総理は文化大革命の混乱期で多忙であり、自民党内の少数派で党顧問にすぎなかった三木氏との会談を受けたのは、日本との国交正常化実現に向けて自民党内の親中派をテコ入れする意味もあったとみられる。

三木氏の訪中は中国側から最大限に歓迎された。四月十八日付け人民日報が一面左下で「三木武夫・周恩来会談」を、会談同席者の写真入りで掲載していることからも裏付けられる。四月二十一日にも人民大会堂で周総理との二回目の会談が実現し、この時日本側は三木氏一人だけであった。中国側は、中日友好協会の郭沫若、廖承志、王国権、王暁雲という錚々たるメンバーが同席した。翌四月二十二日朝、北京飯店で日本人記者と会見した三木氏は「訪中の成果に満足している」と答えている。

この時の会談の内容は、周総理の要請により一切非公開

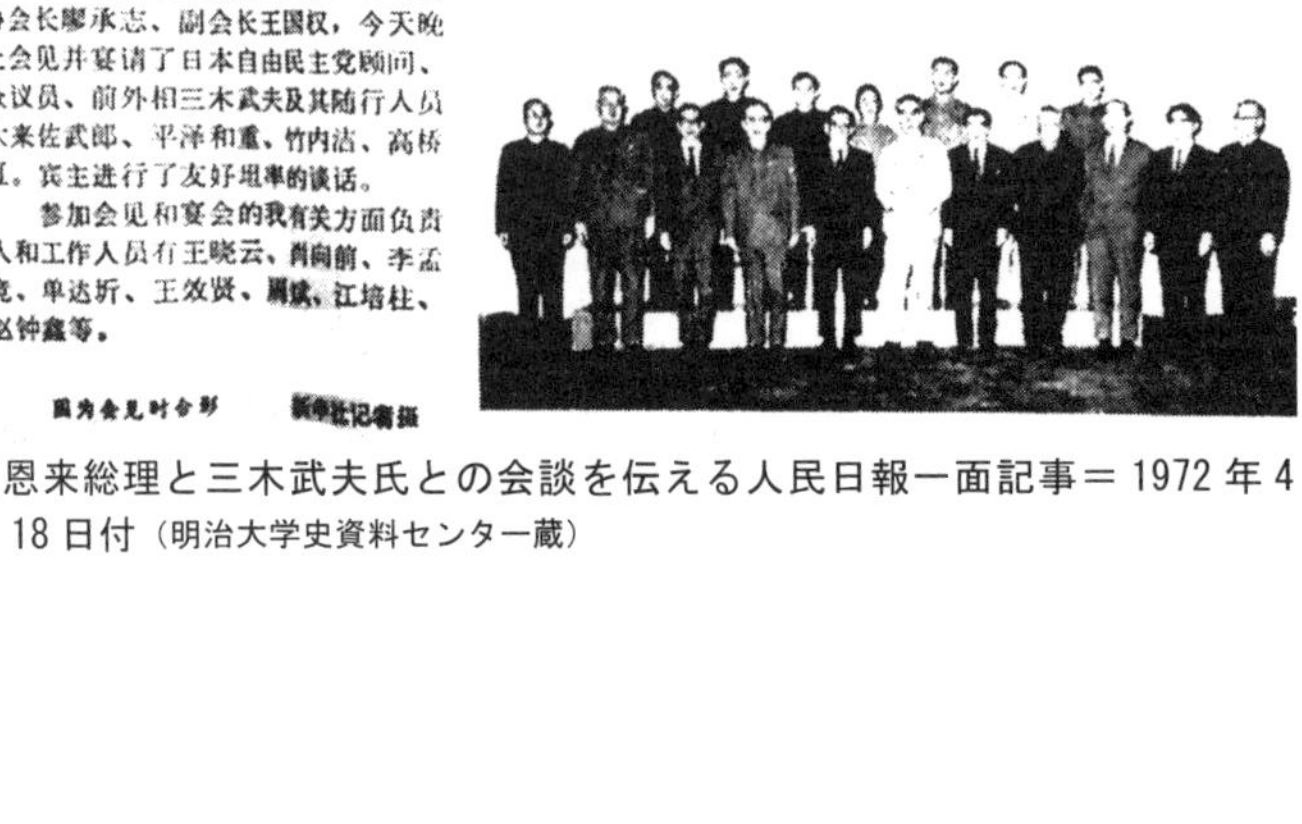
周恩来、郭沫若、廖承志、王国权会见并宴请
日本自由民主党顾问、众议员、前外相三木武夫

新华社一九七二年四月十七日讯
国务院总理周恩来，人大常委会副委员长、中日友协名誉会长郭沫若，中日友协会长廖承志、副会长王国权，今天晚上会见并宴请了日本自由民主党顾问、众议员、前外相三木武夫及其随行人员大来佐武郎、平泽和重、竹内洁、高桥亘。宾主进行了友好坦率的谈话。
参加会见和宴会的我有关方面负责人和工作人员有王晓云、肖向前、李孟竞、单达圻、王效贤、周斌、江培柱、赵钟鑫等。

图为会见时合影　新华社记者摄

周恩来総理と三木武夫氏との会談を伝える人民日報一面記事＝1972年4月18日付（明治大学史資料センター蔵）

になっているが、同行した南村氏の証言からは、周総理が台湾派の佐藤栄作内閣の次の政権について三木氏に問い質し、三木氏から「三木派と中曽根派が（親中派）田中角栄氏を支持する」との明確な日本政局の行方を聞き出したことが裏付けられた。三木氏は帰国の際、北京空港の搭乗機タラップ下で南村氏に「ありがとう」と何度も握手をしたとの証言から、周総理との会談で得るものが大きかったことが伺われる。周総理との二度の会談は、三木氏の日中国交正常化への姿勢、さらには日中平和友好条約への認識を決定づける意義があったと言える。四月二十五日付毎日新聞は「三木氏帰国　政策論争を刺激中国策転換迫る　総裁争いの焦点にも」と報じていることからも、裏付けられよう。

三木氏は訪中帰国後の四月二十四日付自筆メモ「帰国あいさつ」（明治大学史資料センター蔵）に、次のように記している。「中国との国交回復の前提はまず、『日華平和条約』では日中間の戦争状態は終了していないのだと言う現実認識から出発することである。こうした現実認識を中国側が『国交回復の三原則』として表現しているのである」と。これは周総理との会談により、国交回復への認識を深めた結果と推察される。さらに、「私は早期に日中国交回復をやり得るという確信を得たので、なおいっそうその実現に挺身する決意である」とまで、言いきっている。

さらに、三木氏は五月十三日に徳島市内で「中国より帰りて」と題する訪中報告を行い、「国交回復へ決断の時〝一つの中国〟確認しよう」（五月十四日付徳島新聞）と主張した。「今回の訪中は私の長い政治生活の中でも歴史的な旅であった」と強調し、国交正常化以前の段階で実現した周総理との会談の重みを表現している。特に、「日本が台湾との間に締結した日華平和条約を解消し、中国を代表する中華人民共和国と新しく平和条約を結ぶべきである」と、親中派の立場から日中平和友好条約締結の必要性を明確に訴えている。「アジアの中で影響力を持つ日本と中国が平和条約を結んで協力していけばアジアの安定と繁栄に寄与できるのは間違いない」と、アジアの国際関係を俯瞰して日中平和友好条約締結の意義を提起している。そのために、政策の転換と自民党の合意を図る必要性を指摘しており、帰国後の三木氏をはじめとする自民党内での「一つの中国」論と日中国交回復の動きにつながっていくのである。

（2）廖承志訪日代表団団長との会食で三木氏が平和友好条約締結を明言

日中国交正常化翌年の七三年四月に中国から初の大型ミッションとして廖承志氏を団長とする訪日代表団が来る。三木氏は東京で廖団長ら幹部を招いて歓迎懇親会を設ける。この席を取り持った南村氏は、三木氏が廖団長らに対し「平和友好条約を自分の手で締結する」と意気込んで発言したことから、三木氏の平和友好条約締結にかける強い思いを実感する。東京では懇親会以外にも三木副総理と廖団長が交互に訪問しており、三木氏が廖団長を重視していたことの表れである。南村志郎―廖承志ラインを通じて、三木氏は周総理との会談に続き、廖団長との懇親会を実現し、ますます中国との国交回復、確立に意欲と使命感を強くしたことが分かる。

（3）三木首相の周総理宛て親書外交、実を結ばず

金脈問題による田中角栄首相退陣後の椎名裁定を受けて、三木氏は七四年十二月九日に首相に就任する。南村証言で最も特筆されるのは、三木首相が就任三、四日後、信頼していた南村氏を深夜、私邸に呼んで周総理宛て親書を手渡したことである。「十二時に」と異例の深夜指定までしており、三木首相の並々ならぬ意気込みが分かる。三木氏からは「日中平和友好条約の締結について周総理の協力を得たい」と聞かされる。親書は首相就任前後に書かれた可能性が高く、政権の重要課題として早期条約締結にかける三木氏の強い姿勢が如実に表れている。

親書を預かった南村氏は直ちに北京へ飛び、昵懇の間柄だった廖承志氏に親書を手渡す。廖氏は周恩

来総理の信頼厚く、二人三脚で対日外交を取り仕切っていた。対日外交の中枢にいる人物と太い絆を有していた南村氏は、民間〝和製キッシンジャー〟のような役割を担ったと言える。しかし、廖氏から返書を受け取った南村氏は「三木氏では条約締結はできない」と予想外の言葉を聞かされ、帰国後に返書を三木事務所に届ける。早期条約締結にかける三木氏の意欲にもかかわらず、周総理側は返書で色よい返事を示さなかったと推察される。

確かに、三木政権は党内基盤がぜい弱で、椎名副総裁や灘尾弘吉総務会長、福田赳夫副総理など党、政府の役職は台湾派が占めていた。このため、中国側は、三木首相が自らの政権を支える親台湾派を抑えて、条約締結に指導性を発揮することに関し、当初から懐疑的であった、との見方も指摘されている。

（劉徳有『時は流れて　日中関係秘史五十年（下）』）

東京、北京を往復し親書と返書を運んだ南村氏は、両書面とも中身を見ていない。写しも残していない。黒衣に徹した同氏のいわば哲学からである。惜しいかな、親書を裏付ける物的証拠は見当たらない。また、親書・返書の受け渡しに携わった廖承志氏や当時の三木事務所長の竹内潔氏などはすでに鬼籍に入って久しい。親書と返書の存在を知る人の証言も得られにくい現状である。いわば〝幻の親書〟と言えよう。しかし、南村証言からは、深夜の三木氏と南村氏との固唾をのむような緊張したやり取りが伝わってくる。廖氏との親書、返書の受け渡しも極めてリアルに語られている。信ぴょう性は十分担保されよう。

（４）公文書等からも三木首相の平和友好条約早期締結意向を裏付け

親書は実を結ばず、三木首相の思惑通りには運ばなかった。しかし、年が明けた七五年一月二十四日の施政方針演説で三木首相は「日中間に平和友好条約を締結して、子々孫々にわたる日中永遠の友好関係の基礎を固める年にしたい」と、意欲を表明した。七五年前半に三木首相は外務省や駐中国大使宛てなどに矢継ぎ早に条約早期締結に向けて指示を出していた。筆者が南村証言を基に三木氏の母校、明治大学史資料センターで調査した、外務省公電（多くは極秘扱い）などから確認できた以下の事実から裏付けられる。

当時の小川平四郎駐中国大使宛てメモには「同年（七四年）十二月に三木内閣は早期締結の指示を行い、具体的な運びについては外務省当局に一任された。今回、三木総理は交渉のこう着状態打開のために直接内容的指示を行った」とある。この中で「小川大使は最善の努力をすべきで、交渉中断等ありうべきことではない」と、平和友好条約締結への不退転の努力を訴えている。

指示を受けて小川大使は七五年四月十六日に中国外交部に出向き、韓念竜副部長らと会談した。三木総理からの指示を伝え、「今国会中に条約の承認を得られるようなタイミングで本件交渉を妥結したい」との考えを示した。双方の案文も交換されており、できるだけ早く交渉を開始することで合意した。

だが、中国側が条約本文への記入を主張した「反覇権条項」について、五月の交渉では中国側は、共同声明の前段と後段の二か所に書き込まれるべきであると一貫して強く主張。日本側は覇権事項は前文にのみ記入するのが適切であると反論した。三木首相は早期締結への真意と念願を中国側に伝達したものの、中国側との考え方の溝は埋まらなかった。

日中平和友好条約をめぐる外交が複雑な経緯をたどったことは一般的に知られている。金脈問題で田中内閣退陣間際の七四年十一月に外交交渉が開始されたが、七五年三月二十八日の七回目の交渉で陳楚大使が「覇権条項の挿入は重要な原則問題」とまで言及。日中間の事務レベルでの予備交渉は五月七日の十二回目を最後に途絶え、三木首相在任中に条約締結を果たすことはできなかった。同条約締結はポスト三木の福田赳夫首相の業績として評価されているが、三木氏自身はアヒルの水かきのごとく、条約締結に向けて必死に取り組んでいたことが裏付けられたと言える。

障害となった反覇権条項

平和友好条約締結へ直接の障害となったのが、「反覇権条項」であった。同条項は①日中両国が覇権を求めないこと、②覇権を確立しようとする第三国およびその集団に反対すること、の二点からなる。日中国交正常化の共同声明本文第七項に「両国のいずれも、アジア太平洋地域において覇権を求めるべきではなく、このような覇権を確立しようとする他のいかなる国あるいは国の集団による試みにも反対する」と、うたってある。当時は中ソ関係が悪化しており、日本側は反覇権条項を中国の反ソ戦略の一環とみなし、対ソ外交を推進する上から中国の主張に一方的に組するわけにはいかないとの立場だった。自民党内における親台湾派が反覇権事項に反対する意思を表明し、三木内閣の足を引っ張ったことも挙げられる。

当時、外務省アジア局長などを務めていた中江要介氏の証言（『アジア外交　動と静』）によれば、「三木さんは自分が首相のうちに条約を締結しようと焦っていたところがあり、宮澤喜一外相もまたそれに歩調を合わせていた」と言う。反覇権条項について譲歩する形で七五年九月に条件付きで条約明記を受け入れるとした「宮沢四原則」を作って中国側にボールを投げたが、宮澤さんは「中国の喬冠華外交部長がろくな返事しかしてこない」と怒っていたという。「日中双方ともイライラして雰囲気はよくなかった」と中江氏は冷静に見ている。

背景として、早期条約締結を目指していた田中内閣が退陣したことが挙げられ、後を継いだ三木内閣は七六年二月にロッキード事件で田中前首相が逮捕され、党内闘争となって不安定化する。同年十二月に自民党内の三木おろしを受けて三木政権の退陣となる。一方、中国は六六年に発動された文化大革命により国内が混乱し、共産党内の権力闘争が激化していた。中国外交をリードした毛沢東主席と周恩来総理が病床にあり、七六年一月に周総理が死去、九月に毛主席が死去したことが背景にある。

三木氏に関する新事実以外にも、南村証言から注目すべき新事実が明らかにされている。一九九八年十一月の江沢民国家主席の公式訪日に際し、中国側は日中共同声明に歴史の謝罪を盛り込む意向を持っていたとされるが、日本側は消極的だった。この時、南村氏は中国側から小渕恵三首相の意向を確かめてほしいとの内々の調査依頼を受けた。南村氏は後藤田正晴官房長官に連絡を取り、小渕首相が歴史の謝罪を文書に記入する意思がないことを確認したうえで、中国側へ江主席の訪中を見合わせたほうがいいとの進言をしたことは、これまで全く知られていなかったことだ。訪日した江主席が度々歴史問題に言及し、日本人の対中感情をこじらせた要因となっただけに、南村氏の進言を受けた中国側がいかなる検討を行ったか、知りたいところである。歴史に「もし」は禁物だが、南村氏の進言を受けて中国側が江主席の訪日を見合わせていたら、国民感情の問題も発生せず、その後の日中関係の経緯も違っていたかもしれない。

いずれにせよ、南村氏の回想録は、六十年近くにわたり、一人の日本人が北京を拠点に日本との間を行き来しながら、日中友好活動に取り組んできた民間人の貴重な足跡である。南村氏の証言は日中関係史の見直しや補足につながる内容を含むだけに、貴重である。外交に関連する証言については、当時の首相秘書官、外務省関係者等へのヒアリングや中国側への裏付け調査などを進める必要がある。南村氏は日中間の政治家のパイプが細っていることを嘆き、卒寿を迎えてなお自ら日中交流の語り部として次の世代に伝えていく努力をしている。私たちは南村氏の足跡を過去のことに留めず、今後の日中関係の発展に活かしていくことが求められている。

編集後記

「南村志郎さんってどんなお方ですか」

この本の出版について、あちこちの出版社の扉を叩いたとき、よく質問を受けた。日中関係に縁の深い人にはよく知られた南村さんだが、一般的にはよく知られた存在でない。そこで私が用意したキーワードは三つ。最初が井戸掘り人。二つ目は赤い貴族。三つ目はモスリム。

まずは最初から。ひょんなことから、大阪のローカルテレビ局勤務の私がジャーナリスト訪中団に参加することになった。初参加から何年か経過し、北京空港で東京組と大阪組がドッキングするため到着ロビーでお茶して待っていたときのこと。大阪組は私一人。東京から某全国紙の外信部長が到着、彼がスマホで自社の紙面をチェックし慌てる姿を目の前で目撃した。その全国紙は「江沢民前国家主席死去」と号外を発行したという。ところが、東京本社の編集局外信部長はまったくの蚊帳の外。号外の制作過程にいっさい関知していないことは、目前の外信部長の血相をみれば、一目瞭然だった。いくら彼が羽田から北京に移動中とはいえ、それほどの号外なら数時間前よりもっと早い段階でなんらかの打ち返しがあるのが新聞社という会社組織と思ったがそうでもないらしい。訪中団が勢揃いし、メンバーはマイクロバスで北京市内中心部に向かい、南村志郎さんにお目にかかったら、南村さんは開口一番「江沢民は元気らしいね」と問わず語りの独り言。そうなのだ。北京でそのニュースを見た南村さんは、ニュースの真偽を確かめた。その結果、入院先の病院に特異な動きはみじんもないと確認した次第。その全国紙は、後日江沢民が公式行事に姿を見せた段階で、号外のお詫びと訂正を出した。号外発行から三か月後のことだった。井戸掘り人南村志郎さんの情報収集能力をまざまざと見た瞬間だった。

二番目のキーワードを解説するとき、南村志郎さんを紹介するとき、西園寺公一の秘書という説明がわかりやすい。明治の元老西園寺公望の孫、キンカズ著『西園寺公一回顧録「過ぎ去りし、昭和」』のおもしろさといったらトンデモ級。外務省の元国際情報局局長孫崎享さんと立ち話したとき「私もゾルゲ事件を調べるためにその本を読みましたよ。面白い本でしたね」と即答だった。キンカズさんが戦前英国オックスフォード仕込みのマルクス主義者で、ゾルゲ事件に連座、戦後は北京に住まいし世間からは「赤い貴族」と呼ばれたことは、この回顧録をひもとけばすぐに納得できる。波瀾万丈の人生はキンカズさん同様秘書南村さんもしかりだ（ちなみに回顧録の編者は南村さん。ジャーナリストとしての能力がスゴイ）。北京の中心部、北京飯店の通りを隔て南側に、中日友好協会の品のいい建物があるが、昨年、キンカズさんが晩年を過ごしたオフィスをこっそり見せてもらった。歴史を垣間見た思いがした。

三つ目のキーワード、モスリム（イスラム教徒）。南村志郎さんに私を紹介してくださったのは、今は亡き浅井信雄さんだ。浅井さんが読売新聞を退社し、神戸市外国語大学教授時代、湾岸戦争前夜、わたしの勤務するテレビ局で報道特別番組を頻繁に編成し、そのゲストスピーカーが浅井教授だった。カイロ特派員とワシントン支局長をつとめ、中東事情とアメリカの動きに精通し、かつ平和志向のリベラルな解説はテレビ局にとって実にありがたかった。その浅井さんから私に一緒に中国にどうとお誘いがかかり、それでこの訪中団に加えていただいた。

カイロ暮らしの長かった浅井さんは南村さんご夫婦を誘いだし、北京市内でモスリムが数多く住む街のレストラン、あるいは内モンゴルの自治区政府のレストランで、羊のしゃぶしゃぶを何度もご一緒したが、その折り、私は、南村さんから話を聞いてオーラルヒストリーにトライしなければと勝手に決めた。

浅井さんはそれからしばらくして病に倒れた。川村さんという中国の専門家を得て、いまようやく南村志郎さんの聞き書きを世に問うところまで到達した。

横浜市内のご自宅で話を伺い、それと前後して、年表を作り、世界の動き、日本の動き、中国の動きと照らし合わせる作業を進めると、南村さん一人のオーラスヒストリーを通して、近現代史が見えてくる。

中国のＧＤＰが日本のそれを大きく上回る時代、アメリカのトランプ大統領が北朝鮮の金正恩党委員長と対談するなど、世界史は大きな転換期を迎えている。

「歴史とは、現在と過去との間の尽きることのない対話なのであります」。これは、イギリスの歴史学者Ｅ・Ｈ・カーのよく知られた言葉。現在の課題をクリアするためには過去との対話が必要だというわけである。

二〇一八年は、日中平和友好条約締結（一九七八年八月）からちょうど四十年の節目に当たる。南村志郎さんのオーラスヒストリー出版に至るまで、多くの関係者の尽力を必要とした。改めて、関係者の皆様方へ感謝を申し上げるとともに、読者の皆様方からのご指導、ご鞭撻をお願いする次第である。

西村秀樹

【日中外交の黒衣六十年　関連年表　5】

2012 年 4 月	石原慎太郎東京都知事が都による尖閣諸島購入計画を発表
9 月	野田佳彦内閣が尖閣諸島（魚釣島、北小島、南小島）の購入（国有化）を閣議決定
	中国国内約百か所でデモなど反日行動、中国の公船が尖閣諸島付近に巡航
11 月	習近平氏が中国共産党総書記に就任
12 月	安倍晋三内閣成立
2013 年 6 月	習近平国家主席が訪米、オバマ大統領と会談
12 月	安倍晋三首相が靖国神社参拝、中国が抗議
2014 年 2 月	全人代常務委員会で、「南京大虐殺犠牲者国家哀悼日」（12 月 13 日）「抗日戦争勝利記念日」（9 月 3 日）を設定する法案を採択
11 月	北京 APEC 開催中、安倍晋三首相と習近平国家主席が初の首脳会談
2015 年 4 月	ジャカルタのアジア・アフリカ会議 50 周年会議で安倍晋三首相と習近平国家主席が二回目の首脳会談
8 月	安倍首相が戦後 70 年談話を発表、「侵略、植民地、反省、お詫び」の言葉入る
9 月	北京で抗日戦争勝利 70 年記念軍事パレード、習近平主席閲兵
	人民解放軍 30 万人削減を発表
2016 年 1 月	アジアインフラ投資銀行（AIIB）の開業　日本、米国は参加せず
3 月	NPO 法人日中未来の会設立、南村が代表となる
9 月	杭州で G20 サミットを開催
2017 年 5 月	北京で「一帯一路国際フォーラム」開催、130 か国・機関から参加
	二階俊博自民党幹事長が出席、安倍晋三首相の親書を習近平主席に手渡す
7 月	ドイツ・ハンブルクでの G20 で習主席・安倍首相が首脳会談
11 月	ベトナム・ダナンでの ASEAN 国際会議で習主席・安倍首相が首脳会談
	北京で世界政党ハイレベル対話を初めて開催、120 か国余から 300 以上の政党が参加
2018 年 5 月	安倍首相と習主席の日中首脳電話会談が初めて実現
	李克強総理が日中韓首脳会談に出席のため中国指導者として 8 年ぶりに来日、安倍晋三首相との日中首脳会談実現、海空連絡メカニズムの始動などで合意

【日中外交の黒衣六十年　関連年表　4】

1998年6月	クリントン大統領訪中、「建設的で戦略的なパートナーシップ構築」を再確認し“三つのノー”に同意する
10月	韓国の金大中大統領が来日、小渕恵三首相と会談　過去の歴史への謝罪を共同声明に盛り込む
	江沢民国家主席の訪日時に小渕首相が共同声明に過去の歴史への謝罪等を盛り込む意向かどうか、中国側から南村に事前調査依頼
11月	江沢民国家主席が来日し、小渕首相と会談「平和と発展のための友好協力パートナーシップ宣言」を発表
2001年8月	小泉純一郎首相が靖国神社参拝、中国が抗議　06年まで毎年、繰り返される
2005年4月	中国各地で日本の国連常任理事国入り反対のデモ発生
2006年10月	安倍晋三首相が訪中、胡錦濤国家主席と首脳会談、「戦略的互恵関係」で合意
12月	日中歴史共同研究がスタート
2007年4月	温家宝総理が来日、国会で演説　安倍晋三首相と会談
12月	福田康夫首相が訪中、胡錦濤国家主席と首脳会談
2008年1月	日本国内で販売された中国製ギョウーザによる中毒事件起きる
5月	胡錦濤国家主席が来日、「戦略的互恵関係の包括的推進に関する共同声明」を発表
5月	中国四川省でマグニチュード8.0の大地震発生、日本の国際緊急援助隊派遣
6月	東シナ海のガス田開発に関する日中合意を発表
8月	北京五輪開幕
12月	温家宝総理来日、福岡で第一回日中韓首脳会議開催
2009年4月	麻生太郎首相が訪中、温家宝総理と会談
2010年1月	日中歴史共同研究報告書発表
4月	胡錦濤国家主席が訪米、オバマ大統領と会談
	上海万博開幕
9月	尖閣諸島沖で中国漁船が海上保安庁の巡視船と衝突、中国人船長らを逮捕
2011年5月	温家宝総理が来日、東北大震災の被災地を訪問
7月	江沢民国家主席死去、と香港ATV、産経新聞が報道（のちに誤報と判明）

【日中外交の黒衣六十年　関連年表　3】

1974年4月	日中航空協定調印
11月	日中平和友好条約の予備交渉開始
12月	田中内閣が退陣し、椎名裁定により三木武夫氏が首相に就任 三木首相が南村志郎に周恩来総理宛親書を託す
1975年1月	三木首相が国会の就任演説で日中平和友好条約の早期締結の意向を表明
8月	日中政府間業業協定調印
1976年1月	周恩来総理死去
9月	毛沢東主席死去
1978年8月	福田赳夫首相の下で日中平和友好条約締結
10月	鄧小平副総理来日
1979年1月	米中国交樹立
12月	大平首相訪中、中国へ500億円の政府資金供与を約束（対中ODA）
1982年5月	日本の歴史教科書検定で文部省が「華北侵略」を「華北進出」に書き換えさせたと報道
7月	中国が日本の教科書問題で日本政府に抗議
1983年11月	胡耀邦総書記が来日、中曽根康弘首相と会談　日中友好21世紀委員会の設置を決定
1984年9月	日本の青年3000人を中国が招待
1985年8月	中曽根首相が靖国神社公式参拝 南京大虐殺記念館開館
1986年12月	中国各地で民主化求めるデモ
1987年1月	胡耀邦総書記解任
1989年6月	天安門事件起きる、民主化求める学生・市民を武力弾圧
1991年8月	海部首相訪中し、対中ODA凍結を解除
1992年1月	最高実力者鄧小平氏が南巡講和し、改革開放の加速を宣言
10月	天皇皇后両陛下が中国を初めて訪問
1993年8月	細川護熙首相が日中戦争を「侵略戦争」と認める
1994年8月	中国共産党が愛国主義教育実施綱要を公布し、愛国主義教育基地建設などを発表
1996年3月	台湾総統選挙に対し、中国人民解放軍が台湾海峡で軍事演習ミサイル発射し威嚇
1997年2月	鄧小平氏、死去
7月	香港が中国に返還

【日中外交の黒衣六十年　関連年表　2】

1967年	西園寺公一事務所を設立
1968年8月	ソ連、チェコ侵入　周恩来総理、「ソ連社会帝国主義」と非難
1969年1月	ニクソン米大統領就任
3月	中ソ両軍、珍宝島（ダマンスキー島）で衝突（以後、衝突事件頻発）
7月	ニクソン大統領、世界旅行の途中、「ニクソン・ドクトリン」を発表 パキスタン、ルーマニア訪問で両国首脳に対中メッセージ仲介を依頼
1970年8月	西園寺公一氏、帰国
12月	毛沢東、エドガー・スノーと会見、ニクソン訪中を歓迎と発言（71年4月の米ライフ志で公表）
1971年1月	後藤日本卓球協会会長ら香港経由で北京入り、周恩来らと会談
2月	第31回世界卓球選手権大会（名古屋）への中国参加決定 日中国交回復国民会議成立
3月	中国卓球代表団来日、名古屋で世界卓球大会開幕
4月	米など5か国卓球チーム訪中、北京で周恩来総理と会見 中国卓球チーム訪米
7月	キッシンジャー米大統領補佐官、秘密裏に訪中　毛沢東、周恩来と会談 ニクソン、キッシンジャー訪中と自身の訪中計画をテレビで公表（“ニクソン・ショック”）
9月	林彪死去
10月	中国の国連加盟決定、台湾の中華民国は国連脱退を声明
1972年2月	ニクソン大統領訪中　毛沢東、周恩来と会談　米中共同声明「上海コミュニケ」発表
4月	三木武夫自民党顧問が訪中、周恩来総理と会談、南村志郎仲介
7月	田中角栄内閣成立
9月	田中角栄首相訪中、周恩来総理らと日中国交正常化交渉　共同声明発表 大平外相が日華平和条約は存続の意義を失い終了と表明、台湾が日本との国交断絶
10月	日中覚書貿易協定調印
11月	日中経済協会設立
1973年1月	ベトナム和平協定調印
4月	廖承志中日友好協会会長を団長とする中国代表団が来日、三木副総理との会食を南村仲介

【日中外交の黒衣六十年　関連年表　1】

1929 年 3 月	南村志郎、中国大連に生まれる
1931 年 9 月	満州事変
1932 年	上海事変　満州国建国宣言　五・一五事件
1936 年	西安事件　第二次国共合作　二・二六事件
1937 年 7 月	盧溝橋事件、日中全面戦争に突入
	西園寺公一氏、近衛特使として中国へ
1945 年 8 月	広島・長崎へ原爆、日本ポツダム宣言受諾・敗戦
1946 年 3 月	南村、敗戦により中国北京より宮崎市に引き揚げ
1949 年 3 月	南村、宮崎県立大宮高校を卒業
4 月	南村、東京外国語大学中国語学科に入学
10 月	中華人民共和国成立
1950 年	南村、大学中退　朝鮮戦争勃発
1951 年	南村、自立経済通信社に入社
	サンフランシスコ講和条約
1952 年	高良とみ、帆足計、宮腰喜助の国会議員 3 氏が北京を訪問
	第一次日中民間貿易協定調印
	チンコム（対中国輸出統制委員会）設置
	日本がココム（対共産圏輸出統制委員会）に加盟
1953 年	第二次日中民間貿易協定調印
1955 年	第三次日中民間貿易協定調印
1956 年 10 月	南村、北京で初の日本商品展覧会を取材
1957 年	南村、東方商会に入社
1958 年	第四次日中民間貿易協定調印
	長崎で中国国旗侮辱事件により日中貿易中断　南村氏、東方商会を退社
	西園寺公一氏、家族と共に中国へ
1960 年	周恩来総理が日中「貿易三原則」を提示
	南村、友好商社の三進交易に入社
1962 年	廖承志氏と高碕達之助氏によるＬＴ貿易始まる
1964 年	廖承志氏らと北京駐在日本人特派員との「朝飯会」スタート　東京五輪
1965 年 2 月	米軍、北ベトナム爆撃開始（ベトナム戦争）
1966 年	南村、東方輪船株式会社を設立（三進交易を退社）
5 月	中国文化大革命始まる
8 月	紅衛兵ら百万人集会

【参考文献】

西園寺公一『西園寺公一回顧録「過ぎ去りし、昭和」』（アイペックプレス）、一九九一年）
中江要介『日中外交の証言』（蒼天社出版、二〇〇八年）
中江要介『アジア外交動と静』（蒼天社出版、二〇一〇年）
劉徳有『時は流れて　日中関係秘史五十年　（上）（下）』（藤原書店、二〇〇二年）
高原明生、服部龍二編『日中関係史 1972-2012　Ⅰ政治』（東京大学出版会、二〇一二年）
増田弘編著『戦後日本首相の外交思想』（ミネルヴァ書房、二〇一六年）
国分良成ほか『日中関係史』（有斐閣、二〇一三年）
天児慧ほか『岩波現代中国事典』（岩波書店、一九九九年）
川崎秀二「日中復交後の世界」（ニューサイエンス社、一九七二年）
張香山『日中関係の管見と見証　国交正常化30年の歩み』（三和書籍、二〇〇二年）

【資料協力】

明治大学史資料センター（三木武夫関連資料）
日本中国文化交流協会（会報）

南村志郎　（みなみむら　しろう）
一九二九年、中国大連生まれ。敗戦により宮崎市へ引き揚げ。東京外国語大学中国語学科中退。元西園寺公一事務所長、元東方輪船社長、元自立経済通信社記者。二〇〇七年、天津科学技術大学で中日友好交流講座を開講。「中日友好の使者」称号授与。現在、ＮＰＯ法人日中未来の会代表、神奈川県日中友好協会名誉顧問、日本天津研究会顧問。主な著書に『西園寺公一回顧録「過ぎ去りし、昭和」』（編、アイペックプレス）「遡源眺遠　中日友好交流講座文集」（共著、世界知識出版社）。

編者
川村範行　（かわむら　のりゆき）
一九五一年、岐阜県生まれ。早稲田大学政治経済学部卒業。元中日新聞・東京新聞論説委員、同上海支局長。現在、名古屋外国語大学外国語学部特任教授、同済大学顧問教授、日中関係学会副会長兼東海日中関係学会会長。専門は日中関係論、現代中国論。主な著書に『新次元の日中関係』（共著、日本評論社）『中国社会の基層変化と日中関係の変容』（共著、日本評論社）『ピンポン外交の軌跡～東京、北京、そして名古屋』（解説、ゆいぽおと）ほか。

西村秀樹　（にしむら　ひでき）
一九五一年、愛知県名古屋市生まれ。慶應義塾大学経済学部卒業。元毎日放送記者・ディレクター。『映像'90　頸の女～朝鮮人従軍慰安婦』などドキュメンタリー番組を制作。現在、近畿大学人権問題研究所客員教授、同志社大学非常勤講師。関西マスコミ倫理懇談会顧問。日本ペンクラブ平和委員会副委員長。専門は人権問題。主な著書に『北朝鮮抑留～第十八富士山丸事件の真相』（岩波現代文庫）、『大阪で闘った朝鮮戦争～吹田枚方事件の青春群像』（岩波書店）ほか。

日中外交の黒衣六十年
三木親書を託された日本人の回想録
２０１８年10月11日　初版第１刷　発行

著　者　南村志郎
編　者　川村範行　西村秀樹

発行者　ゆいぽおと
〒４６１‐０００１
名古屋市東区泉一丁目15‐23
電話　０５２（９５５）８０４６
ファクシミリ　０５２（９５５）８０４７
http://www.yuiport.co.jp/

発行所　ＫＴＣ中央出版
〒１１１‐００５１
東京都台東区蔵前二丁目14‐14

印刷・製本　モリモト印刷株式会社

ISBN978-4-87758-472-6 C0036

ゆいぽおとでは、
ふつうの人が暮らしのなかで、
少し立ち止まって考えてみたくなることを大切にします。
テーマとなるのは、たとえば、いのち、自然、こども、歴史など。
長く読み継いでいってほしいこと、
いま残さなければ時代の谷間に消えていってしまうことを、
本というかたちをとおして読者に伝えていきます。